मैं
शायर
हूँ

मैं शायर हूँ

प्रदीप साहिल

वाणी प्रकाशन

वाणी प्रकाशन

4695, 21-ए, दरियागंज, नयी दिल्ली 110 002

फ़ोन : +91 11 23273167 फ़ैक्स : +91 11 23275710

शाखाएँ

अशोक राजपथ, पटना 800 004, बिहार

कॉफ़ी हाउस कैम्पस, महात्मा गांधी मार्ग, इलाहाबाद 211 001, उत्तर प्रदेश

महात्मा गांधी अन्तरराष्ट्रीय हिन्दी विश्वविद्यालय, वर्धा 442 001, महाराष्ट्र

सुल्तानिया रोड, मोतिया पार्क, भोपाल 462 001, मध्य प्रदेश

www.vaniprakashan.com
marketing@vaniprakashan.in
sales@vaniprakashan.in

MAIN SHAYAR HOON
by Pradeep Sahil

ISBN : 978-93-89012-75-0
Ghazal

प्रथम संस्करण 2020

मूल्य : ₹ 199

सिटी प्रेस, दिल्ली-110 095 में मुद्रित

वाणी प्रकाशन का लोगो मक़बूल फ़िदा हुसेन की कूची से

पेश लफ़्ज़

शायर यानी ख़ामख़्वाह इमोशनल
शायर यानी ग़ैर–प्रैक्टिकल
शायर यानी आवारा–मिज़ाज
शायर यानी रंगीन तबीयत
शायर यानी बाग़ी टाइप
शायर यानी बिला वजह परेशान
शायर यानी हर हाल में नुक्ताचीं
शायर यानी कुण्ठित
शायर यानी स्वप्नदर्शी...

अगर ईमानदारी से कहूँ तो ये सभी लक्षण कमोबेश मुझमें हमेशा ही मौजूद रहे, और हमेशा मेरी ये कोशिश भी रही कि मैं ख़ुद को एक बेहतरीन शायर साबित कर सकूँ। लेकिन ये कोशिश कुल मिलाकर एक अजीब–सा बेतुकापन या पागलपन ही कहा जा सकता है। आप शायरी को पार्ट टाइम शौक़ के रूप में ही अपना सकते हैं, फुल टाइम जॉब के रूप में नहीं। यहीं पर ही कुछ गड़बड़ हो गयी मुझसे।

मैं हिन्दी में एम.ए. कर रहा था और बहुत अच्छे से कर रहा था। पता नहीं कब शेरो–शायरी पढ़ने–सुनने का चस्का लग गया और पता ही नहीं चला कि कब मैं भी टूटे–फूटे शेर कहने लगा। यारों–दोस्तों को, जान–पहचान वालों को पकड़–पकड़कर शेर सुनाता और उन्हें ज़बरदस्ती दाद देने के लिए मजबूर भी करता, यानी जी–जान से ये साबित करने में जुट गया कि मैं शायर हूँ। अपने हिन्दी के अध्यापकों को डाक के द्वारा अपनी कच्ची–पक्की ग़ज़लें भेज दिया करता और पहली मुलाक़ात में ही उनसे दाद तलब करता।

तभी मुझे महसूस होने लगा कि अगर अच्छी शायरी करनी है तो उर्दू भी सीखनी होगी। सो मैंने उर्दू विभाग, दिल्ली यूनिवर्सिटी में दाख़िला ले लिया और तीन बरस डटकर उर्दू सीखी। सुबह आठ बजे हमारी क्लास होती, मैं सात बजे ही पहुँच जाता। ख़ाली क्लासों के ब्लैक बोर्ड पर अपने नये-नये शेर वग़ैरा लिख देता और फिर अगले दिन सुबह उन अश्आर का मुआयना करने पहुँच जाता। लोग अपने-अपने सुविचार-कुविचार उन शेरों के इर्द-गिर्द दर्ज करा देते थे। आर्ट्स फ़ैकल्टी की दीवारों पर अक्सर अपनी ग़ज़लें-नज़्में चिपका देता। धीरे-धीरे वहाँ के तमाम अध्यापकों व विद्यार्थियों को पता चल गया कि मैं शायर हूँ।

उसी दौरान वाणी प्रकाशन के अरुण माहेश्वरी जी से भेंट हुई और मैं उर्दू की किताबों का हिन्दी लिप्यन्तरण भी करने लगा और ये मधुर सम्बन्ध आज तक ज्यों-का-त्यों बरक़रार है। उर्दू के बाद कुछ दिन फ़ारसी भी सीखी।

आख़िरकार एक छोटी-सी कन्फ़ेक्शनर्स की दुकान खोली, शादी की और घर बसा लिया। लेकिन शायरी का कीड़ा हमेशा भीतर ही भीतर कुलबुलाता रहा। अन्ततः व्यापारी हार गया और फ़नकारी जीत गयी यानी दुकान बन्द हो गयी। अब मैं आजीविका के लिए भजन-क़व्वाली वग़ैरा लिखने लगा। संयोगवश मेरे लिखे कुछ पंजाबी भजन मक़बूल भी हुए यानी मेरी रोज़ी-रोटी की समस्या काफ़ी हद तक निपट चुकी थी।

चित्रकार मित्र नवनीत अग्निहोत्री ने एक बार फ़ेसबुक और इंटरनेट की महिमा बखान करते हुए बताया कि...और सिर्फ़ बताया ही नहीं बल्कि मेरा फ़ेसबुक एकाउंट भी खोल दिया। ये अजीब दुनिया थी, बिल्कुल अलग और बिल्कुल नयी और शायद मुझे इसकी ज़रूरत भी थी। शायरी का शौक़ जो कुछ-कुछ दब सा गया था, फिर से अंकुरित होने लगा। पुराने-पुराने यार-दोस्त फिर से सम्पर्क में आने लगे और मेरे शायराना सफ़र की एक नयी शुरुआत अमल में आने लगी।

फ़ेसबुक पर सभी यार-दोस्त लगातार ये तक़ाज़ा करने लगे कि मेरी शायरी का दीवान (काव्य-संग्रह) होना ही चाहिए और इस तरफ़ अरुण माहेश्वरी जी ने भी ख़ूब हौसला-अफ़ज़ाई करते हुए मुझे सहयोग व आशीर्वाद देने में कोई क़सर बाक़ी न रखी।

-प्रदीप साहिल

अनुक्रम

नज़्में/कविताएँ

ग़ज़ले

नज़्में/कविताएँ

मैं शायर हूँ

अपने तअर्रुफ़ में लिक्खा, मैं शायर हूँ
लिखते ही फिर काट दिया, मैं शायर हूँ

झूठ के मुँह पर सच बोला था, बस यूँ ही
उस पल ये महसूस हुआ, मैं शायर हूँ

सब्र करूँ, दुख–दर्द सहूँ, मजबूर दिखूँ
ख़ुश रहना है सख़्त मना, मैं शायर हूँ

ज़ख़्म कुरेदा करता हूँ अपने दिल के
दर्द को रखता हूँ ताज़ा, मैं शायर हूँ

समझौता तो बस होने ही वाला था
अन्दर से कोई बोल पड़ा, मैं शायर हूँ

मदिरा, मयख़ाना, साक़ी, सब हासिल है
फ़ितरत ही से हूँ प्यासा, मैं शायर हूँ

पण्डित, मुल्ला, नेता, व्यापारी, डॉक्टर
धन्धा है अपना–अपना, मैं शायर हूँ

तुम आ जाना

फ़रियाद करूँ, तुम आ जाना
मैं याद करूँ, तुम आ जाना

हैरत से मुझे भर देना तुम
हैरान मुझे कर देना तुम
जैसे ही मैं अपने जज़्बों को
इरशाद करूँ, तुम आ जाना

इक और गुज़ारिश करनी है
बेकार सी कोशिश करनी है
पाबन्द ख़यालों को अपने
आज़ाद करूँ, तुम आ जाना

सोने पे सुहागा हो जाये
ख़ुशियों में इज़ाफ़ा हो जाये
जब नग़मा या बन्दिश कोई
ईजाद करूँ, तुम आ जाना

आत्म-कथन

तुम्हारा इस तरह से
तिलमिलाना, छटपटाना, बड़बड़ाना
मुझे अच्छा नहीं लगता....

बड़े हो तो
बड़े बन कर रहो
कि ये टुच्चों के जैसी हरकतें
जँचतीं नहीं तुम पर.....

कभी सोचा भी है तुमने
मेरी नज़रों में क्या हो तुम

बहनें

साझा सुख–दुख से इक साथ गुज़रती हैं
माँ से ज़्यादा बहनें दर्द समझती हैं
चुपके से पढ़ लेती हैं ख़ामोशी को
कहने को बस चबर–चबर ही करती हैं

शुभ दीपावली

दीपों तले
तुझको मिले
हर इक ख़ुशी
हर रौशनी
माँगी दुआ
ये ही सदा
फूले–फले
हरदम रहे
तू शादमाँ[1]
रौशन रहे
चेहरा तेरा
क़ायम रहे
रुतबा तेरा
शुभकामना
मेरी यही
अच्छी रहे
इस बार भी
दीपावली

---

1. ख़ुश, प्रसन्न।

बेईमानी

जब कोई बात या चीज़ कोई भाए मुझको
जी करता है बाँट उसे मैं दूँ सब में
शेयर करूँ, तक़सीम[1] करूँ, साझा कर दूँ
सबको हिस्सेदार बना दूँ मैं उसका

लेकिन जब कोई चीज़ मुझे इतनी भाए
हैराँ कर दे, होश उड़ा दे जो मेरे
दिलो–दिमाग़ के सब कोने रौशन कर दे
ख़ुदग़रज़ी की ओट में छुप जाता हूँ मैं

1. विभाजित, बँटवारा।

अमिताभ बच्चन

इतनी ऊँचाई से जब तुम देखते होगे
बौने–बौने से लगते होंगे हम तुमको
छोटे–छोटे क़द के छोटे–छोटे सपने
ऊपर से नीचे की ओर अगर देखो
और भी ज़्यादा छोटे लगने लगते हैं
क़द ये जो इक हद से ज़्यादा होता है
हम जैसों को रोज़ प्रेरित करता है
रोज़ाना हम कोशिश करते रहते हैं
काश कि हम भी क़द्दावर कहला पाएँ
काश के ताना ही मारे कोई हमको....
"छोटू से लम्बू कहलाना चाहते हो
याद रहे ये रस्ता बेहद मुश्किल है
हर कोई अमिताभ नहीं बनता फिर भी"

कीप इट अप

मैंने अपना कलाम पेश किया
दिल में जो था, तमाम पेश किया
वक़्त मुझको रुका–रुका–सा लगा
दर्द अपना नया–नया–सा लगा
शेर पर शेर मैं सुनाता रहा
शुक्रिया–शुक्रिया जताता रहा
दाद पर दाद मिल रही थी मुझे
ग़ौर से वो भी सुन रही थी मुझे
मुझको मालूम नहीं, क्या था वो
एक जादू का दायरा था वो
एक टूटा हुआ–सा चश्मा था
जिसके भीतर से मुझको तकती थी
मेरे अहसास के तक़ाज़ों को
मुझसे बेहतर वो समझ सकती थी
साँस रोके हुए सुना मुझको
मुझसे देखा न जा रहा था उसे
शायरी बन चुकी इबादत थी
दर्द ऐसा कि जिसमें राहत थी

बाद–अज़–शायरी मैं जब लौटा
मेरे नज़दीक आ के उसने कहा

"वाह जी वाह", आपका जवाब नहीं
यूँ ही डरते हो शेर कहते हुए
और फिर बुदबुदाया कुछ उसने
और फिर हाथ मेरा हाथ में ले
मेरी आँखों में झाँक कर बोली
कीप इट अप
कीप इट अप

तजदीद (नवीनीकरण)

चलो तब्दील कर लेते हैं अपने जश्नो–उत्सव को
हमें तुम ईद दे दो और तुम दीपावली रख लो
हम अपनी ज़िन्दगी की सबसे प्यारी शब[1] तुम्हें दे दें
तुम अपना सबसे प्यारा दिन हमारे नाम लिख डालो

मज़ा आयेगा कितना, सोचकर देखो ज़रा तुम भी
तुम अपना घर सजाओगे, जलाओगे दिये लाखों
अँधेरे को मिटाने के लिए दुनिया के हर दिल से
दिये लाखों जलाओगे, जलाओगे दिये लाखों

मिठाई बाँटने आओगे तुम मेरे भी घर लाज़िम[2]
मुझे भी अपनी ख़ुशहाली में भागीदार कर लोगे
कि मैं जो मुन्तज़िर[3] बैठा हुआ हूँगा तुम्हारा ही
मुझे बाँहों में भरकर हर शिकायत दूर कर दोगे

कि फिर रमज़ान का माहे–मुबारक[4] आ ही पहुँचेगा
नमाज़ी बन के मैं हर आक़िबत[5] अपनी सँवारूँगा
ख़ुदा से माँगकर सबके लिए तस्कीने–इमकानी[6]
शबे–उन्तीसवीं[7] जागूँगा, आँखों में गुज़ारूँगा

कि जब सुबह मुअज़्ज़िन[8] की सदा कानों में गूँजेगी
ज़माना रौशनी की हद में दाख़िल हो रहा होगा
परिन्दे पुर–कशिश[9] अन्दाज़ में कुछ गा रहे होंगे
जहाँ कर हर नज़ारा ख़ुशनुमा–ओ–दिलरुबा[10] होगा

तुम्हारी राह में पलकें बिछाये, बैठता, उठता,
ठिठकता, बुदबुदाता, चौंकता, हर एक आहट पर
तुम आओगे मुझे कहने मुबारक, और मैं भी तो
खुली बाँहें लिए तुमको मिलूँगा अपनी चौखट पर

गले फिर मिलके हम इक–दूसरे से भूल जायेंगे
कि हम में एक हिन्दू है या हम में एक मुस्लिम है
हमें बस याद इतना ही रहेगा, देख लेना तुम
हमारा एक हो जाना ही सबसे ज़्यादा लाज़िम है

---

1. रात 2. ज़रूर 3. प्रतीक्षारत 4. पवित्र महीना 5. परलोक 6. यथा सम्भव खुशी 7. रमज़ान के महीने की उन्तीसवीं रात 8. मस्जिद में अज़ान देने वाला 9. मनमोहक 10. चित्ताकर्षक व मनोरम।

कभी-कभी

कभी–कभी लगता है मरने वाला हूँ
कभी–कभी लगता है जी उट्ठूँगा फिर
कभी–कभी लगता है सब कुछ ख़त्म हुआ
कभी–कभी लगता है इक शुरुआत है ये
कभी–कभी लगता है कुछ भी किया नहीं
कभी–कभी लगता है इतना काफ़ी है
कभी–कभी लगता है जीवन बेमानी
कभी–कभी लगता है माया ही सच है

कभी–कभी लगता है ऐसा कभी कभी
आम तौर पर नॉर्मल ही रहता हूँ मैं

ग़लतफ़हमी

कितनी सिम्पल है, कितनी सादा है
मैं तो कुछ और ही समझा था उसे
ये तबस्सुम तो बेइरादा है
मैं तो कुछ और ही समझा था उसे

जैसे ख़ुशबू कोई बिखरती है
बात सबसे वो यूँ ही करती है
बेख़याली का एक वादा है
मैं तो कुछ और ही समझा था उसे

कितनी सिम्पल है कितनी सादा है
मैं तो कुछ और ही समझा था उसे

मेरी तरह

आधे–अधूरे कहलाओ मेरी तरह
शायर बनकर क्या पाओगे मेरी तरह

होती है जज़बात की भी क़ीमत कोई
होती है दुख–दर्द में भी राहत कोई
होता है नुक़सान मुनाफ़े से बेहतर
होती है अहसास–नुमा जन्नत कोई
किस–किस को तुम समझाओगे मेरी तरह
आधे–अधूरे कहलाओगे मेरी तरह
इश्क़–मुहब्बत–प्यार–वफ़ा सब धोका है
क़ीमत है उसकी ही, जो बिक सकता है
ख़्वाबों–ख़यालों का कोई ख़रीदार नहीं
मुफ़्त में भी ये सौदा मुश्किल बिकता है
आख़िर तुम भी पछताओगे मेरी तरह
आधे–अधूरे कहलाओगे मेरी तरह

उदासी

फिर आज किसी ने दिल तोड़ा
फिर आज किसी की याद आई
फिर आज पलट कर आई है
उलटे पैरों ये तनहाई

फिर आज कोई गुलशन–चेहरा
अहसास में रौशन होने लगा
फिर आज कहीं वीराने में
जज़्बात की शम्अ मुसकाई

फिर आज उदासी के लमहे
प्यारे–प्यारे से लगने लगे
फिर आज जुदाई की घड़ियाँ
लगने सी लगी हैं सुखदाई

फिर आज वही आलम हैगा
उस मोड़ पे फिर आ पहुँचा हूँ
जिस मोड़ पे अक्सर कहते हैं
गहरी लगती है ऊँचाई

आगे सन्नाटा पसरा है
पीछे सुनसान अँधेरे हैं
ऐसे में हो ही जाती है
अपने दिल से हाथापाई

मजबूरी सी

छोटा–सा इश्क़ अधूरा–सा
लम्बी–सी जुदाई पूरी–सी
ऐ काश, बनाये रखते हम
नज़दीकी में भी दूरी–सी

कुछ सच्ची क़समें खाई थीं
कुछ वादे झूठे भी करते
शिकवे तो हमेशा रहने थे
मैं न करता, तुम ही करते
थोड़ी–सी ग़लत–फ़हमी शायद
होती है बहुत ज़रूरी–सी
बैठे–बैठे तनहाई में
बुनता हूँ तसव्वुर के धागे
दिल के नज़राने पेश करूँ
कोई भी नहीं, जिसके आगे
ख़ामोश ख़यालों से कह दो
दे दें कुछ तो मंज़ूरी–सी

ख़ौफ़

हमेशा डरता रहता हूँ
कहीं ऐसा न हो जाये
कहीं वैसा न हो जाये
कहीं इस बात पर मेरी
उसे ग़ुस्सा न आ जाये
कहीं उस बात को मेरी
नज़र–अंदाज़ न कर दे
मेरे जज़बात की भाषा
कहीं फीकी न पड़ जाये
मेरे अहसास की रंगत
कहीं यूँ ही न उड़ जाये
हमेशा डरता रहता हूँ

उसे अब कौन समझाये
कि ख़ामोशी के पीछे भी
कई अहसास होते हैं
कई जज़बात होते हैं
मगर मैं डरता रहता हूँ
ख़याली मशवरे करके
उसे तकलीफ़ देता हूँ
सितम ख़ुद पर भी करता हूँ

अधूरी बात कहता हूँ
अधूरे ख़्वाब बुनता हूँ
बहुत ग़ुस्सा भी आता है
कि इतना क्यों मैं डरता हूँ

हमेशा डरता रहता हूँ

नया ईश्वर

आओ नया भगवान बनाते हैं सब मिलकर

ऐसा कि जिसके बाद कोई दूसरा न हो
ऐसा कि जिसके नाम पे राज़ी हो हर कोई
ऐसा कि जो ग़ैरों से भी हरगिज़ ख़फ़ा न हो
ऐसा कि जिसकी चलती हो, जिसकी सभी मानें
ऐसा कि चमत्कार कोई कर न सके जो
ऐसा कि जो मजबूर हो, बेबस हो, हमीं–सा
ऐसा कि जो तकलीफ़ से वाक़िफ़ हो हम सबकी

आओ नया भगवान बनाते हैं सब मिलकर

राय

चलो माना कि तुमको प्यार है मुझसे बहुत ज़्यादा
चलो माना कि तुमने कर लिया ख़ुद से कोई वादा
चलो माना कि नज़रों में तुम्हारी इश्क़ ही रब है
चलो माना कि चाहत ही तुम्हारे दिल का मज़हब है

मगर मेरी हक़ीक़त इसकी इजाज़त नहीं देगी
मेरी आवारगी ख़्वाबों की ज़मानत नहीं देगी
मुझे अफ़सोस कि चाहत मेरी क़िस्मत में नहीं है
ख़यालों की हसीं जन्नत मेरी क़िस्मत में नहीं है

समझदारी का पत्थर इक ज़रा सीने पे धर लेना
मेरे बारे में, अपनी राय कुछ तबदील कर लेना
मुझे मालूम है मुश्किल बहुत होगा मगर फिर भी
दुआ माँगो, दुआ हो जाये दिल की बेअसर फिर भी

मुहब्बत कर तो सकता हूँ निभा सकता नहीं हरगिज़
कि मैं हालात की गरदिश मिटा सकता नहीं हरगिज़
तमन्ना के छलावे में अगर तुम न ही आओ तो
यही बेहतर है कि मुझको सिरे से भूल जाओ तो

सेवक-पन्ती

पिछड़ों की
मजबूरों की
लाचारों की
सेवा करने की ख़ातिर लड़ते हैं वो
संसद से लेकर सड़कों तक लड़ते हैं

'मैं ज़्यादा अच्छा सेवक हूँ सौं रब दी'
'मुझसे ज़्यादा बेहतर कोई क्या होगा'
'मुझको इनकी फ़िक्र है तुम सबसे ज़्यादा'

कुत्ते–बिल्ली लड़ते हैं चूहों के लिए
संसद से लेकर सड़कों तक लड़ते हैं

डर लगता है

सबसे आसाँ होता है कविता करना
सबसे मुश्किल होता है उसको जीना
कहने में करने में अन्तर होता है
जो कहता हूँ, काश कि उसको कर पाता
कितना आसाँ होता है तनहाई में
इन्क़लाब की, परिवर्तन की ज़िद करना
कितना मुश्किल होता है, ख़ूख़्वारों को
ये कहना कि मैं तुमसे लड़ सकता हूँ

डण्डों से, तलवारों से, बन्दूक़ों से
लैस हों जाने किस–किस की आसीसों से

डर लगता है अब ये कहने में मुझको
मैं निर्भीक हूँ
मैं बेख़ौफ़ हूँ
मैं शायर हूँ

हिन्दुस्तानी-पाकिस्तानी

हिन्दुस्तानी–पाकिस्तानी एक से हैं
दोनों ने ही बम–पटाख़े मोल लिए
दोनों ने ही दाँव लगाये क्रिकेट पर
मक़सद भी दोनों के इक जैसे ही हैं

इक–दूजे का ज़िक्र नहीं करते जब तक
इक–दूजे को जब तक दे न लें गाली
लगता है ख़ाली–ख़ाली सा दोनों को
पुरखे शायद इन दोनों के एक ही हैं
इन दोनों की जड़ें कहीं गहराई में
लगता है जैसे आपस में उलझी हैं
दोनों के इल्ज़ाम भी इक जैसे ही हैं
इक–दूजे से इक जैसी ही उम्मीदें
आधी–आधी एक कहानी से दोनों
मिलकर क्यों नहीं पूरे हो जाते फिर से

कपिल शर्मा

हँसना सिखा दिया हमें, रोना सिखा दिया हमें
धब्बों को दिल–दिमाग़ से धोना सिखा दिया हमें

हँसते–हँसाते काट लो, जैसी भी है ये ज़िन्दगी
पाने का पूछा राज़ तो, खोना सिखा दिया हमें

पूरा तो ख़ैर कौन है, फिर भी हमें है ये ख़ुशी
आधे को कैसे करना है पोना सिखा दिया हमें

जागा कभी ज़मीर तो ख़ुद से ही भिड़ गये हो तुम
अपने ख़िलाफ़ आप ही होना सिखा दिया हमें

बेचैनियाँ हज़ार हैं फिर भी तेरे ख़याल ने
सुख चैन इत्मिनान से सोना सिखा दिया हमें

नफ़रत की कंकरीट पर, तपती हुई ज़मीन पर
बीजों को प्रेम–प्यार के बोना सिखा दिया हमें

हसरत भी है गिला भी है ''साहिल'' तेरे मुरीद को
जीने का ये हुनर भला क्यों ना सिखा दिया हमें

जन्नत

जन्नत है......
जब साथ है तू मेरे
रहती है मुझे घेरे
जज़्बात की इक दुनिया
अहसास की इक दुनिया
दुनिया से जो न्यारी है
हर चीज़ से प्यारी है
सुनता हूँ वफ़ा है ये
सुनता हूँ मुहब्बत है
कहते हैं जवानी की
होती यही जन्नत है

मन्नत

मन्नत है...
माँगी जो दुआओं में
ढूँढ़ी जो वफ़ाओं में
चाहत में नज़र आयी
उल्फ़त में तेरी पायी
तू है तो सभी कुछ है
लगती है हसीं हर शै
मंज़िल का पता है तू
तस्वीरे–ख़ुदा है तू
क़िस्मत से नहीं मिलता
रहमत से मिला है तू

दोस्त

फ़रिश्ता कह नहीं सकता उसे मैं
हमेशा एक इन्साँ ही लगा है
सभी कमियाँ जो हो सकती हैं मुमकिन
सभी पायी हैं उसकी शख़्सियत में
कमीनापन है आटे में नमक–सा
फ़रेबी है मगर चलता है इतना
मुझे अच्छा नहीं लगता मगर हाँ
बुरा भी कह नहीं सकता उसे मैं
वो मेरा दोस्त है बिलकुल मुझी–सा
मुझे लगता है अपने अक्स जैसा
उसे देखूँ तो ख़ुद को देखता हूँ

आधी छुट्टी

आधी छुट्टी पूरी हो जाती थी जब
कितना ज़्यादा ख़ुश हो जाता था मैं तब

फिर से आधी छुट्टी होने वाली है
डर लगता है, पूरी ही न हो जाये

कैफ़ी आज़मी

तुम किसी तरह भी हिन्दू तो नहीं थे 'कैफ़ी'
और मुस्लिम भी नहीं थे हरगिज़
सिर्फ़ इस वास्ते
कि एक मुसलमान के घर जनमे थे
तुम मुसलमान कहे जाते थे

जब भी देखा है, सुना है तुमको
तुम मुझे एक मसीहा की तरह लगते रहे
एक लाचार मसीहा की तरह
जोकि अपनी ही मसीहाई के अहसासे–जुर्म[1] पर नादिम[2]
बड़बड़ाता हुआ
झुँजलाता हुआ
फ़िक्र करता रहा दुनिया के हर इक इन्साँ की
हीर–राँझा की मुहब्बत के गीत गाता रहा
याद करता रहा उस वक़्त को
कि जब इन्साँ
न तो हिन्दू न मुसलमान हुआ करता था
सिर्फ़ इन्सान था
इन्सान हुआ करता था

---

1. अपराध बोध 2. लज्जित।

आह

मैं अकेला नहीं हूँ दुनिया में
रोने वाले हैं मेरे रोने पर

जब भी निकली है दिल से आह कोई
लाख चाहूँ कि बेअसर ठहरे
फिर भी कुछ है जो मेरे बस में नहीं

छोटी-छोटी बातें

छोटी–छोटी बातें अच्छी लगती हैं
सब्ज़ी वाला धनिया मुफ़्त में दे दे तो
एफ़ बी पर अनजान कोई लाइक कर दे
आँखों ही आँखों में पूछे हाल कोई
गाड़ी टच होते होते लग जाये तो
सामने वाला गाली दे पर हँसते हुए
घर के अन्दर आ जाये तोता कोई
गीत पुराना भूला–बिसरा बज उट्ठे
भिख–मंगा यारों की भाषा बोले तो
किन्नर कोई सिगनल पर देखे ऐसे
जैसे कोई बिछड़ा साथी हो अपना
शादी की दावत में गुड़ भी हो रक्खा
बिन माँगे ही दे जाये जबरन कोई
आलू–पूरी–हलवा लंगर की सूरत

छोटी–छोटी बातें अच्छी लगती हैं

अफ़सोस

अकसर ये तसल्ली मैं दिया करता हूँ ख़ुद को
कुछ भी नहीं जाता है साथ वक़्ते–अख़ीरी
दुनिया से गये ख़ाली सिकन्दर हो या पौरस
लिक्खा है जो, होना है वही, चाहे कुछ कर लो
क़िस्मत से बड़ा कोई हुक्मराँ नहीं होता
होनी को टाल सकता नहीं कोई भी आख़िर
पत्ता भी उसके हुक्म के बिन हिल नहीं सकता
कितने बरस बिता दिये बस यूँ ही सोचते
पैरों की धूल थी जो वो सर तक पहुँच गयी
पीछे थे जो क़दम, जो बहुत दूर थे मुझसे
मुझको वो रौंदते हुए आगे निकल गये
मैं देखता ही रह गया बस देखता रहा
हाथों से रेत की तरह फिसली यूँ ज़िन्दगी
कुछ भी नहीं बाक़ी बचा अफ़सोस के सिवा

ट्रेजडी

सीधा था, मासूम बहुत था
दोस्त था, मेरा बचपन का
नर्म दिलों के जज़्बे जैसा
सुन्दर कोमल सपने जैसा
छल से, कपट से, दूर बहुत था
खुल कर, खिल कर हँसने वाला
दर्द सुने तो रो पड़ता था

सच्चे रब की सच्ची रचना
बच्चों–सा निर्मल–नाज़ुक वो
कुछ दिन से ख़ामोश बहुत था
ख़ुद से भी छुपता फिरता था
क्या जाने क्या गुज़री उस पर
संजीदा–संजीदा सा था

बहुत कुरेदा, बहुत मनाया
'आख़िर क्या कुछ कहा किसी ने'
...नहीं बताया

इक दिन लाश मिली उसकी पंखे से लटकी
जेब से इक परची निकली
जिस पर लिखा था

"हलुआ हूँ मैं
सब कहते हैं
समलैंगिक हूँ"

जय बजरंग बली

घर के सारे लोग इकट्ठे होते थे
हर मंगल की शाम कीर्तन होता था
सवा रुपैये की बूँदी में इक बरफ़ी
बजरंगी के आगे रक्खी जाती थी
चालीसा पढ़ते थे अपने भापाजी
ऊँची तेज़ बुलन्द मगर कुछ भारी सी
ऐसी ही आवाज़ है प्यारी हनुमत को
आधा–पौना घण्टा चलता था ये सब
उसके बाद बाँटता था प्रसाद मैं ही
इक बरफ़ी का पीस, नज़र जिस पर सबकी
कभी–कभी ऐसा भी करतब होता था
बरफ़ी का वो पीस कहीं खो जाता था
सब इक दूजे को नज़रों में तौलते थे
कहाँ गया, किसने खाया, कैसे खाया
कभी–कभी तो शक–सा होने लगता था
बजरंगी पर

रिश्ता–ए–अहसास

मैं नहीं चाहता, देखूँ तुझे क़रीब से मैं
मैं नहीं चाहता, तुझमें भी कुछ कमी निकले
मैं नहीं चाहता, पहलू में तेरे मेरी तरह
बेबसो–बेकसो–बेज़ार[1] ज़िन्दगी निकले

तू हसीं[2] ख़्वाब है मेरी उदास आँखों का
मैं नहीं चाहता, मुझसे ये ख़्वाब छिन जाये
मैं नहीं चाहता, देखूँ मैं तुझको बेपरदा
और नज़रों से मुनासिब हिजाब[3] छिन जाये

पास आने से कहीं दूरियाँ न बढ़ जायें
दूर रहकर भी तो हम पास रहा करते हैं
क्या ज़रूरी है कि कुछ नाम हो हर रिश्ते का
चन्द रिश्ते हैं जो बेनाम हुआ करते हैं

वो जो इक रिश्ता–ए–अहसास[4] है हम दोनों में
मैं नहीं चाहता, दुनिया का वो पाबन्द रहे
मैं नहीं चाहता, वो इस्म[5] तक महदूद[6] रहे
मैं नहीं चाहता, वो सरहदों में बन्द रहे

---

1. मजबूर, दुखी व उदासीन; 2. सुन्दर; 3. उचित संकोच; 4. संवेदनात्मक सम्बन्ध; 5. संज्ञा; (Noun) 6. सीमित।

हौसला-अफ़ज़ाई

प्रेरणा के चाँद–सूरज बुझ गये
हो गयीं अँधी दिशाएँ
ले गयीं हर एक दीपक
साथ अपने
सरफिरी पागल हवाएँ
प्रेरणा के चाँद–सूरज बुझ गये...

कुछ सितारे हैं अभी बाक़ी मेरे आकाश पर
जो मुझे बाँधे हुए हैं
जो मेरे दुक्खे हुए सर के लिए
काँधे हुए हैं
जो उजालों के तसव्वुर को
महज़ इक ख़्वाब होने से बचाकर
झिलमिला कर
टिमटिमा कर
कह रहे हैं
हौसला रख, हौसला रख, हौसला...

ख़िराजे-अक़ीदत

जैसे कि राह में बिछी ख़्वाबों की घास हो
जैसे कि मुसाफ़िर कोई मंज़िल के पास हो
आकर तेरे क़रीब लगा हर दफ़ा मुझे
जैसे कि तू दरिया, वजूद मेरा प्यास हो

इज़्ज़त मुझे, शौहरत मुझे, रफ़अत[1] मुझे बख़्शी
पुर–सोज़[2], पुर–अहसास[3] तबीयत मुझे बख़्शी
इक संगे–राह[4] था, मगर तूने तराश कर
सूरत मुझे, सीरत मुझे, रंगत मुझे बख़्शी

बेदारियाँ बख़्शीं, नया इक फ़लसफ़ा बख़्शा
मुझको मेरे जज़बात को नक़्शा नया बक़्शा
जिसकी बिना पे इक नयी तामीर कर सकूँ
तदबीर से मैं सरनिगूँ[5] तक़दीर कर सकूँ

तेरी नवाज़िशें मैं कहाँ तक बयाँ करूँ
अहसान जो मुझ पर हुए, गिनवाऊँ किस तरह
जिस आस्ताँ ने बख़्शा मुझे लुत्फ़े–जाविदाँ[6]
उसको मैं छोड़ कर के चला जाऊँ किस तरह

---

1. उच्चता, बुलन्दी; 2. मार्मिक; 3. संवेदनशील; 4. रास्ते का पत्थर; 5. नत–मस्तक; 6. कभी न समाप्त होने वाला आनन्द।

तुम्हारे जन्म-दिन पर

न कोई गीत, कोई शेर, कोई बात है ऐसी
जिसे मैं पेश कर पाऊँ, मुबारकबाद की सूरत
जिसे मैं भेजकर तुम तक, तुम्हारे दिल के मौसम में
नया कोई रंग भर पाऊँ, मुबारकबाद की सूरत

कहूँ क्या, कौन हूँ, क्या नाम, क्या पहचान है मेरी
मैं इक बीता हुआ लम्हा, मैं इक टूटा हुआ तारा
मेरे सीने में अब कोई भी चिंगारी नहीं बाक़ी
मेरे नग़मों में नाकामी, मेरे सजदे हैं आवारा

मगर मैं चाहता हूँ तुम सदा ख़ुश–ख़ुश नज़र आओ
तुम्हें अकसर मैं नवाज़ा किया अपनी दुआओं से
यही माँगा सदा मैंने, यही चाहा है कि तुमको
ख़ुदा हर हाल में महफ़ूज़ रक्खे बेवफ़ाओं से

ख़ुद कलामी

न सोचो कि क्या है भला, क्या बुरा है
न सोचो कि है पाप क्या, पुण्य क्या है
न सोचो कि अपने तुम्हें क्या कहेंगे
न सोचो कि ग़ैरों ने क्या कुछ कहा है

न सोचो कि अंजाम क्या है वफ़ा का
न सोचो कि दुनिया को मंज़ूर क्या है
बनाओ ख़ुद अपने लिए अपनी राहें
न सोचो ज़माने का दस्तूर क्या है

न सोचो कि नुक़सान है या नफ़ा है
न सोचो कि काँटे मिलेंगे या कलियाँ
न सोचो कि शहरे–ख़ुलूसो–वफ़ा की[1]
हैं हमवार[2] या कि हैं पुर–पेच[3] गलियाँ

न सोचो कि तूफ़ाने–जद्दोजहद[4] में
हर इक मौजे–इम्कान[5] तुम पर हँसेगी
अगर है ख़ुदा का सहारा तो लाज़िम[6]
तुम्हारी भी कश्ती किनारे लगेगी

---

1. प्रेम तथा ममत्व रूपी शहर की; 2. सीधी–समतल; 3. पेचदार, घुमावदार;
4. संघर्ष रूपी तूफ़ान; 5. सम्भावनाओं की लहर; 6. अवश्य।

उसने कहा था

अगर माँ–बाप से हमको मिली होती सही तालीम
अगर कोई हमारी उँगली पकड़ कर चला होता
अगर हमको भी बताता कोई, अच्छा है बुरा क्या
अगर अपना भी मसीहा या कोई रहनुमा होता
अगर हालात को रंजिश हमारे साथ न होती
अगर माहौल ने हमको यूँ दुत्कारा नहीं होता
तो फिर हम भी तुम्हारी तरह शरीफ़ों में आ जाते
तो फिर अपना भी यूँ गर्दिश में सितारा नहीं होता

जवाब तलबी

चल नहीं सकते अगर उनकी बताई राह पर
तो शहीदाने–वतन को[1] याद करना छोड़ दो
गर क़फ़स की[2] ज़िन्दगानी रास तुमको आ गयी
तो फ़िदायाने–चमन को[3] याद करना छोड़ दो

गर नहीं दिल में तुम्हारे जज़्बा–ए–हुब्बे–वतन[4]
फिर ये तशहीरे–वफ़ा–ए–मुल्को–मिल्लत[5] किसलिए
दे नहीं पाया जो तुमको क़तरा–ए–दर्दे–वतन[6]
ऐसे दरिया के लिए इतनी अक़ीदत[7] किसलिए

छाप डाले चन्द पन्ने याद में उनकी अगर
साल में दो–एक दिन गर याद उनको कर लिया
कर लिया कुछ सोगो–मातम, कर लिया संकल्प कुछ
हो गया बस श्राद्ध उनका, हो गया हर हक़ अदा

बाद इसके फिर वही ज़ारो–ज़ुबूँ[8] ख़ुद–ग़रज़ियाँ
फिर वही दैरो–हरम[9] के नाम पर शग़ले–अजल[10]
फिर वही नीलामे–ईमाँ चन्द सिक्कों के लिए
फिर वही फ़िरक़ा–परस्ती के लिए जंगो–जदल

क्या यही सब सोचकर वो देश पर कुरबाँ हुए
क्या इसी दिन के लिए चढ़ते रहे वो सूलियाँ
क्या यही जन्नत है जिसको देखने के वास्ते
फूँक डाले थे उन्होंने ख़ुद ही अपने आशियाँ

---

1. देश के शहीदों को; 2. पिंजरे की; 3. चमन पर मर–मिटने वालों को; 4. देश–प्रेम की भावना; 5. राष्ट्र तथा देश के लिए वफ़ादारी का प्रदर्शन; 6. देश–प्रेम की एक बूँद मात्र; 7. श्रद्धा–भावना; 8. कुत्सित व निकृष्ट, बहुत ही घटिया; 9. मन्दिर–मस्जिद; 10. मौत का खेल।

महफ़ूज़ (सुरक्षित)

बहुत मजबूर हूँ मैं
बहुत बेबस
बहुत लाचार हूँ
कि मैं कुछ कर नहीं सकता

किसी की जान जाती है
तो जाये
किसी की आबरू
लुटती है
लुट जाये

कि मैं ये जानता हूँ
कि जो बेबस है
जो लाचार है
कि जो मजबूरियों में क़ैद है
कि जो कुछ कर नहीं सकता
वही महफ़ूज़ है

नसीहत

अच्छी तरह से सोच–समझ देखभाल के
रखियो क़दम दयारे–वफ़ा[1] में सँभाल के
ऐसा न हो कि बाद में उल्फ़त के नाम पर
सदमे उठाये, अश्क बहाये मलाल[2] के

मैंने भी इक गुनाह किया था इसी तरह
है जिसकी ये सज़ा कि बहुत बेक़रार हूँ
उल्फ़त को एक खेल समझना थी मेरी भूल
अपनी उसी ख़ता पे बहुत शर्मसार हूँ

यारों ने लाख की थी नसीहत मगर मुझे
लगता था राहे–इश्क़ की मंज़िल क़रीब है
जो भी कहे था 'इश्क़ है दीवानगी का काम'
लगता था जैसे बस वही मेरा रक़ीब[3] है

लेकिन तमाम रंग हवादिस[4] की धूप में
ऐसे उड़े कि थे ही नहीं ज्यों कभी कहीं
और उसके बाद मैं भी बिखरता चला गया
पहलू कहीं, क़रार कहीं, ज़िन्दगी कहीं

इस वास्ते ऐ दोस्त ज़रा देखभाल के
रखियो क़दम दयारे–वफ़ा में सँभाल के
ऐसा न हो कि मेरी तरह तू भी एक दिन
सदमे उठाये, अश्क बहाये मलाल के

1. प्रेम–क्षेत्र; 2. पश्चाताप; 3. किसी एक व्यक्ति से प्रेम करने वाले दो व्यक्ति आपस में रक़ीब कहलाते हैं; 4. घटनाओं, हादसों।

ख़ुशफ़हमी

तुम हँसती हो तो लगता है...
फूलों से भरी डाली जैसे बल खा जाये, लहरा जाये
या शान्त सरोवर से जैसे मदमस्त पवन टकरा जाये
या धूप खिली हो आँगन में और यकदम बारिश आ जाये
तुम हँसती हो तो लगता है जैसे मन सब कुछ पा जाये

तुम हँसती हो तो लगता है....

इसी आर्ट्स फ़ैकल्टी में

यहीं कहीं पे इक शायर भी हुआ करता था
बहुत मुमकिन है तुम्हें याद हो सूरत उसकी
इक ज़माना था कि सजदे उसे करता था जहाँ
न सही आज ज़माने को ज़रूरत उसकी

वो इसी आर्ट्स फ़ैकल्टी की इन दीवारों को
अपने अहसास की तस्वीर बना देता था
अपनी यादों के उजालों का तसव्वुर लेकर
इन अँधेरों में कई दीप जला देता था

लॉन के अधखिले फूलों का पकड़कर दामन
वो किसी दूर के गुलशन में पहुँच जाता था
लौटता था तो कई ख़्वाब, कई गीत लिए
जिनको अकसर वो तरन्नुम में गुनगुनाता था

और जज़बात के तूफ़ान में अकसर 'साहिल'
डूब जाता था उदासी के समन्दर में कहीं
और जब दोस्त उदासी की वजह पूछते थे
मुस्कुराकर वो कहा करता था, 'कुछ भी तो नहीं'

कभी-कभी ही सही

कभी–कभी ही सही
याद तो आते होंगे
वो पल, जो साथ मेरे तुमने बिताये थे कभी
वो ख़्वाब, जो मेरी आँखों से तुमने देखे थे
वो दुख, जो मेरे लिए तुमने उठाये थे कभी
कभी–कभी ही सही
याद तो आते होंगे

किताबें

किताबें...
किताबें साथ चलती हैं
अँधेरों में
उजालों में
दिमाग़ों को खुरचती हैं
दिलों में आग भरती हैं
उफनती हैं
बिफरती हैं
हमेशा की तरह अब भी
नये रस्ते बनाती हैं
पुराने राहगीरों[1] को
पुराने रहनुमाओं[2] को
नये उन्वान[3] देती हैं
नये सपने दिखाती हैं
किताबें...

किताबें साथ रहती हैं
कि जब कुछ भी नहीं रहता
किताबें साथ होती हैं
कि जब कोई नहीं होता

किताबें जंग लड़ती हैं
किताबें गीत गाती हैं
किताबें दर्द बुनती हैं
किताबें आज़माती हैं
किताबें...

कई किरदार ऐसे भी
किताबों से उभरते हैं
ख़यालो–ख़्वाब होते हैं
गुमानो–वहम होते हैं
मगर सच्चे–से लगते हैं
नहीं होते कहीं भी वो
मगर होते हैं हर जानिब
कभी सूफ़ी
कभी शायर
कभी वाइज़
कभी मैकश
कभी हाजी
कभी काफ़िर
ब–हर–सूरत
ब–हर–लम्हा
हमेशा साथ रहते हैं
कभी ताकीद करते हैं
ज़माने को बदलने की
कभी ताकीद[4] करते हैं
किसी साँचे में ढलने की
कई किरदार ऐसे भी...

किताबों की कोई सीमा, कोई सरहद नहीं होती
ये धरती, चाँद, सूरज, सब किताबों के नविश्ते[5] हैं
किताबों से अँधेरे ही नहीं पाते हैं बीनाई[6]
उजाले भी किताबों से निखरते हैं, सँवरते हैं
किताबें...

1. पथिकों; 2. राह दिखाने वालों को; 3. शीर्षक (Title); 4. आग्रह; 5. लेखन कार्य; 6. रौशनी, दृष्टि।

अन्देशे

उससे इज़हारे–तमन्ना[1] करूँ तो कैसे करूँ
वो हसीं फूल है जन्नत के चमन–ज़ारों[2] का
उसने देखा ही नहीं कुछ भी बहारों के सिवा
और इक मैं कि मुक़द्दर लिए हूँ ख़ारों का

मुझको डर है कि मैं कुछ भी न कहूँ और उसे
मेरी आँखों से मेरे दिल का पता चल जाये
मैं नहीं चाहता, वो खोज करे और कहीं
उसके दिल में भी मुहब्बत का दिया जल जाये

और आँधी मेरे हालात की ये सह न सके
और शायद मेरी क़िस्मत भी गवारा न करे
मैं नज़र लाख बचाता फिरूँ और वो मुझसे
एक पल के लिए फ़ुरक़त[3] भी गवारा न करे

वो मुहब्बत के सिवा और भी सब कुछ चाहे
और मैं कुछ भी मुहब्बत के सिवा दे न सकूँ
वो जो ख़्वाबों की तरह सबकी निगाहों में रही
मैं उसे कुछ भी हक़ीक़त[4] के सिवा दे न सकूँ

और फिर ये भी तो मुमकिन है कि इज़हार मेरा
एक गुस्ताख़ी–ए–नाक़ाबिले–माफ़ी[5] ठहरे
और वो मुझसे जो हँस बोल लिया करती है
ये भी फिर उसकी मस्लहत के मनाफ़ी[6] ठहरे

सोचते–सोचते सोचा है अब यही मैंने
यही बेहतर है कि मैं उससे किनारा कर लूँ
यही बेहतर है कि जन्नत ही में रहने दूँ उसे
और हर ज़ुल्म जहन्नुम का गवारा कर लूँ

---

1. प्रेम का इज़हार; 2. पुष्प वाटिका; 3. जुदाई, दूरी; 4. वास्तविकता; 5. एक ऐसा दुस्साहस जो क्षम्य न हो; 6. प्रकृति के प्रतिकूल।

तेरी आँखें

तेरी आँखें
तेरे चेहरे पे महकती आँखें
मुस्कुराती हैं कि दुनिया में अभी है बाक़ी
रोशनी का वजूद
वजहे–तसल्ली

तुम्हारी याद

कभी जब मुझे कोई ठोकर लगी तो
मेरे हाल पर जब ये दुनिया हँसी तो
सिसकने लगी जब मेरी ज़िन्दगी तो
बहुत याद आयी तुम्हारी मुझे
किसी ने अगर अपनी मंज़िल को पाया
किसी ने अगर जश्ने–इशरत[1] मनाया
किसी ने अगर चैन की साँस ली तो
बहुत याद आयी तुम्हारी मुझे
ग़मे–दिल सभी से छुपाता रहा मैं
जहाँ तक हुआ मुस्कुराता रहा मैं
मगर जब हँसी ख़ुद ही पे रो पड़ी तो
बहुत याद आयी तुम्हारी मुझे
किसी ने अगर ग़ौर से मुझको देखा
मेरा हाल पूछा, मेरा दर्द समझा
मेरे ग़म से नम आँख कोई हुई तो
बहुत याद आयी तुम्हारी मुझे
कि जब मेरा नग़मा मेरा साज़ गूँजे
मुकर्रर–मुकर्रर[2] की आवाज़ गूँजे
कभी दिल में ऐसी तमन्ना जगी तो
बहुत याद आयी तुम्हारी मुझे

किसी ने अगर राह में साथ छोड़ा
किसी ने अगर दिल किसी का जो तोड़ा
कि शम्मे–वफ़ा गर कहीं भी बुझी तो
बहुत याद आयी तुम्हारी मुझे
अगर बेसबब[3] मुस्कुराने से ऊबा
अगर मेरा दिल इस ज़माने से ऊबा
अगर लाज़मी हो गई बेख़ुदी[4] तो
बहुत याद आयी तुम्हारी मुझे

1. ख़ुशी का जश्न; 2. फिर से, फिर से; 3. अकारण; 4. विस्मृति।

वो

वो आहट शोख़ बहारों की
वो चाहत चाँद–सितारों की
वो पूजा हर मन–मन्दिर की
वो मन्नत ग़म के मारों की

वो जिस्म नहीं, वो धड़कन है
वो दीप नहीं, वो ज्योती है
मेरे जीवन के सागर का
वो सबसे उज्ज्वल मोती है

वो फूल नहीं, वो ख़ुशबू है
वो वृक्ष नहीं, वो साया है
वो दर्द नहीं, वो नग़मा है
जो मेरे दिल ने गाया है

इक रंग है वो, इक नूर है वो
नज़दीक है फिर भी दूर है वो
महसूस तो कर सकता हूँ मगर
अहसास का इक दस्तूर है वो

जब कभी मैंने

तुझे क़रीब से देखा है जब कभी मैंने
मेरी निगाह में सौ दीप महक उट्ठे हैं
तसव्वुरात[1] ने करवट–सी एक बदली है
परिन्द[2] दश्ते–तमन्ना[3] में चहक उट्ठे हैं
तुझे क़रीब से देखा है जब कभी मैंने
मुझे लगा कि मुझे मंज़िले–हयात[4] मिली
मुझे लगा कि मुझे बेकसी[5] के आलम[6] में
शगुफ़्तगी–ओ–लताफ़त[7] की कायनात[8] मिली
तुझे क़रीब से देखा है जब कभी मैंने
तबअ़[9] को चैन मिला, रूह को क़रार मिला
मेरे वजूद की पुर–दर्दो–ग़म ख़लाओं[10] को
ख़ुशी की आस, मुहब्बत का ऐतबार मिला
तुझे क़रीब से देखा है जब कभी मैंने
तू मुझको दूर, बहुत दूर नज़र आयी है
समेटना तुझे चाहा है जब कभी मैंने
तू अपने–आप से मजबूर नज़र आयी है

---

1. कल्पनाओं, ख़यालों; 2. पक्षी; 3. प्रेम रूपी जंगल; 4. जीवन का लक्ष्य; 5. पीड़ा, दुख; 6. स्थिति, दशा; 7. लालित्य व आनन्द; 8. सृष्टि; 9. अर्न्तमन; 10. मेरे अस्तित्व के दुख–दर्द से भरपूर शून्यों।

कभी ख़त लिखो तो

उदासी के बेरंग लम्हों में जानम
कभी जब तुम्हें याद आये हमारी
हमें फ़ोन करना या ख़त हमको लिखना
कभी जब सताये तुम्हें बेक़रारी

कि अपना भी कोई नहीं बिन तुम्हारे
तुम्हें याद करते गुज़ारी है अब तक
बिछड़ते समय जो थी हालत हमारी
वही दुख, वही बेक़रारी है अब तक

वही दर्द सहना, वही शेर कहना
वही अपनी यादों को मरने न देना
ज़माना करे, गर उपाय ख़ुशी का
तो हैरत, उसे कुछ भी करने न देना

सभी पूछते हैं, हुआ क्या है मुझको
भला किसलिए मैं हूँ ग़मगीन इतना
लिखो गर कभी ख़त मुझे तुम तो जानम
कहूँ क्या उन्हें, ये भी तुम उसमें लिखना

सलमान ख़ान

हिन्दू माँ का मुस्लिम बेटा
मुस्लिम बाप का हिन्दू बेटा
कुछ अपना कुछ बेगाना–सा
जितना ख़ालिस, उतना खोटा

औरों की ख़ुशियों की ख़ातिर
अकसर दुख–तकलीफ़ उठाए
जाने कैसा पागलपन है
उड़ता तीर नज़र नहीं आये

दुनिया भर के ऐब हैं इसमें
फिर भी अच्छा–सा लगता है
माया–नगरी का बाशिन्दा
सच्चा–सच्चा–सा लगता है

ईद मनाए, होली खेले
दीप जलाए, हण्डिया फोड़े
नानके हिन्दू, दादके मुस्लिम
सबको रखता जोड़े–जोड़े

शिकवे-गिले

मेरे बारे में जो कहा तूने
मुझको अच्छा नहीं लगा बिल्कुल
जो भी कहना था मुझसे ख़ुद कहता
मुझको इतना बुरा नहीं लगता
लोग आ–आ के मुझसे कहते हैं
बेवफ़ाई गुनाह होती है
मैं भी मुँह में ज़ुबान रखता हूँ
हाँ मगर फिर भी सोचता हूँ मैं
लोग कहते हैं जो मुझे आकर
क्या पता तूने वो कहा ही न हो
लोग तो आग मे घी डालते हैं
आग लेकिन लगाई ये किसने
और फिर जो भी गिला–शिकवा है
आमने–सामने बैठें तो मज़ा आ जाये
आँख से आँख मिलाकर कहें बातें सारी
दर्द को दर्द का अहसास मिले
दिल के दरिया को दिल की प्यास मिले
मेरा नम्बर तो याद होगा तुम्हें
फिर भी फिर से बताए देता हूँ
क्या पता ग़ुस्से में डिलिट ही कर दिया हो कभी

ख़याल माही दा

बैठे–बैठे आ गया ख़याल माही दा
चंगा होवे, रब करे, हाल माही दा

पुछदा सी आख़री की हद हुन्दी प्यार दी
चुब चुब जाँदा ए सवाल माही दा

हन्जुआँ दा रंग वे जो इक्को ओइयो मेरा ए
काला, चिट्टा, नीला, पीला, लाल माही दा

मिलया न कोई कोना साडेयाँ नसीबाँ नूँ
कैण नूँ ही दिल सी विशाल माही दा

अज वी शिकंजे विच जान वे असीराँ दी
कसया रहे ऐ शाला जाल माही दा

ओदे ही इशारेयाँ ते चलया हमेशा ही
जापदा ए वक़्त वी दलाल माही दा

भुलके वी याद रेहा, दूर हो के नेड़े वे
'साहिल' हुनर वे कमाल माही दा

दोहे–1

इस नगरी में आजकल, बहती अजब बयार
जुर्म, सज़ा, मुन्सिफ़ सभी, आपस में हैं यार

मुँह तकते ही रह गये, अपने सभी सवाल
उनका एक जवाब था, दुनिया माया–जाल

अपनी आँखों में लिए, दुनिया भर की प्यास
हसरत से तकती मुझे, नदिया एक उदास

अपने मन की खोज को, यूँ न अधूरा छोड़
हर मंज़िल के बाद है, इक मंज़िल बेजोड़

अपने अपने रास्ते, अपने अपने पाँव
हो सकता है किस तरह एक हमारा गाँव

''साहिल'' जी अपनी कहो, छोड़ो जग की बात
ग़ज़लों–दोहों से कहीं बदले हैं हालात

दोहे-2

भारत हो या पाक हो, लखनऊ या लाहौर
एक ही आग में जल रहे, अपने अपने तौर

जब तक दिल में प्यार है, दुनिया स्वर्ग समान
प्यार नहीं तो कुछ नहीं, हर बस्ती वीरान

ख़ुशबू, बेटी, शायरी, तीनों एक समान
इस घर को रौशन करें, उस घर पावें मान

हम ही कुछ नादान थे, रहे साँच के साथ
अव्वल–आख़िर–दरमियाँ, लगा न कुछ भी हाथ

इस पगले संसार का, क्या कीजै उपचार
दो और दो के जोड़ को, कहे हमेशा चार

मीठी मिसरी सी लगे, करे नीम का काम
इक भाषा है प्यार की, उर्दू जिसका नाम

ग़ज़लें

उसे दिल की सुना आये

उसे दिल की सुना आये, चलो कुछ मीठा हो जाये
मुक़द्दर आज़मा आये, चलो कुछ मीठा हो जाये

गुनाहे–इश्क़ हमसे हो गया, इतनी तसल्ली है
अब आये जो सज़ा आये, चलो कुछ मीठा हो जाये

बहुत ही प्यार से, तहज़ीब से, राज़ी से, नरमी से
उसे दरपन दिखा आये, चलो कुछ मीठा हो जाये

नहीं ये बात छोटी, मेरे दुश्मन की दुआओं में
मेरी ख़ातिर दुआ आये, चलो कुछ मीठा हो जाये

हमारा दिल फ़क़ीरों की किसी कुटिया के जैसा है
भला आये बुरा आये, चलो कुछ मीठा हो जाये

हमें तो वो ग़ज़ल अच्छी लगी जिसमें कि ऐ 'साहिल'
रदीफ़ो–क़ाफ़िया आये, चलो कुछ मीठा हो जाये

कोई उम्मीद सी दिल में

कोई उम्मीद सी दिल में पनप रही है प्रभु
नये मुक़ाम पे फिर अपनी ज़िन्दगी है प्रभु

किसी का साथ मिला और किसी का छूट गया
हर इक सफ़र में तजुरबा मेरा यही है प्रभु

वसूल हो गये सजदे, दुआ क़बूल हुई
किसी की आँख में मेरे लिए नमी है प्रभु

अगर गिला है किसी बात पर तो तूल न दे
ख़ुशी में तेरी ही आख़िर मेरी ख़ुशी है प्रभु

उसे ये कौन बताए कि अब नहीं मुमकिन
वो ज़िन्दगी थी दूसरी ये दूसरी है प्रभु

मैं बहुत देर तक ख़ुद से ख़फ़ा नहीं रहता
बहुत अज़ीज़ मुझे अपनी दोस्ती है प्रभु

कभी मिला ही नहीं साहिलों पे वो 'साहिल'
मेरी तलाश में ख़ुद मेरी शायरी है प्रभु

उसको हरजाई कहते हो

उसको हरजाई कहते हो
शायद तुम मुझसे जलते हो

रातों को जागा करते हो
क्या तुम भी तारे गिनते हो

मेरी नज़र में सब अच्छे हैं
लेकिन तुम सबसे अच्छे हो

मैंने हँसना सीख लिया है
मेरी ख़ातिर क्यों रोते हो

चन्दा कह देता है मुझसे
जो तुम चन्दा से कहते हो

चार दिनों का जीवन 'साहिल'
क्यों उखड़े–उखड़े रहते हो

देखकर भी नहीं देखता है कोई

देखकर भी नहीं देखता है कोई
मेरी सूरत है या आईना है कोई

आप हैं या कि फिर आप–सा है कोई
माँगता मेरी ख़ातिर दुआ है कोई

वो जो मुझको लुभाता रहा उम्र भर
दर्द–सा, लुत्फ़–सा जाने क्या है कोई

मौजे–हालात से बेख़बर तो नहीं
हाले–दिल रेत पर लिख रहा है कोई

दुश्मनी के भी क़ाबिल न समझा हमें
किस क़दर यारो हमसे ख़फ़ा है कोई

अपने हालात की सब हैं कठपुतलियाँ
कोई दानव है तो देवता है कोई

नाख़ुदा इक तरफ़ तो ख़ुदा इक तरफ़
दरमियाँ देखिए डूबता है कोई

कभी जाना नहीं तुमको

कभी जाना नहीं तुमको, कभी बरता नहीं तुमको
फ़क़त तस्वीर देखी है, कभी देखा नहीं तुमको

तुम्हें जब सोचता हूँ, दिल में लाखों फूल खिलते हैं
मुझे सच–सच बताना, कुछ कभी होता नहीं तुमको

ख़ुदा से जो भी माँगा मिल गया है आख़िरश मुझको
तअज्जुब है कि मैंने क्यों कभी माँगा नहीं तुमको

कभी लगता है कि सदियों पुरानी अपनी यारी है
कभी लगता है कि जैसे कभी देखा नहीं तुमको

तुम्हारे नाम यूँ तो ख़त हज़ारों लिख चुका लेकिन
कभी इक ख़त भी मैंने आज तक भेजा नहीं तुमको

ग़मों की रेत पर कुछ सब्र के पत्थर पड़े होंगे
बहुत मुमकिन है कि 'साहिल' लगे अच्छा नहीं तुमको

हौसला गर हो तो फिर

हौसला गर हो तो फिर दुनिया में क्या होता नहीं
क्या करें, हमसे यही इक हौसला होता नहीं

क़ैदी–ए–उल्फ़त–सा[1] क़िस्मत का बुरा होता नहीं
मर भले जाये कि जीते–जी रिहा होता नहीं

वक़्ते–आराइश[2] है इसको वक़्ते–महशर[3] मत कहो
आग से गुज़रे बिना सोना खरा होता नहीं

अब कभी न जायेंगे हम कू–ए–जानाँ[4] की तरफ़
फ़ैसला करते हैं लेकिन फ़ैसला होता नहीं

मदरसा–ए–इश्क़[5] में लाए हो तुम क्या सोचकर
अक़्ल का इसमें कभी भी दाख़िला होता नहीं

जागती रातों की क़िस्मत में ख़ुदाया[6] मौत लिख
ज़िन्दगी के लेख में सोना लिखा होता नहीं

---

1. प्रेम–क़ैदी के समान; 2. सजने–सँवरने का समय; 3. प्रलय काल; 4. प्रेमिका की गली; 5. प्रेम–पाठशाला; 6. हे ईश्वर।

करम एक हम पर वो क्या कर चले

करम एक हम पर वो क्या कर चले
कि सारे जहाँ को सुनाकर चले

हमें रास्तों की नज़र लग गयी
क़दम चार क्या मुस्कुरा कर चले

वहाँ मैकशों की ख़ुदा ख़ैर हो
जहाँ पारसा लड़खड़ा कर चले

जिसे ज़िन्दा रहना हो इस दौर में
उसे चाहिए सर झुका कर चले

उठे जब भी हम तेरी दहलीज़ से
था शिकवा मगर शुक्रिया कर चले

ग़ैर होकर भी मुझे अपना लगे

ग़ैर होकर भी मुझे अपना लगे
उम्र भर ऐ काश तू अच्छा लगे

तू मेरी नज़रों से ख़ुद को देख तो
क्या पता तुझको भी तू अच्छा लगे

लौटकर आयें न आयें, क्या पता
उम्र छोटी और सफ़र लम्बा लगे

इस चमन में फूल भी हैं ख़ार भी
देखिए अब हाथ किसके क्या लगे

काश ऐसा दर्द भी बख़्शे ख़ुदा
हो पराया पर मुझे अपना लगे

इस किताबे–ज़िन्दगी को क्या कहूँ
बाद हर अक्षर के इक कोमा लगे

उसने देखा ही नहीं तूफ़ाँ कभी
क्या पता 'साहिल' उसे कैसा लगे

किस क़दर शोहरत कमाई

किस क़दर शोहरत कमाई, किस क़दर रुसवा हुए
'इक सुकूने–दिल की ख़ातिर उम्र भर तड़पा किये'

दोस्तों की दोस्ती भी दुश्मनी से कम न थी
इक ज़रा झपकी लगी थी और वो दफ़ना गये

शहर में आकर हमें, इक बूँद भी न मिल सकी
पनघटों को ढूँढते–फिरते रहे मटका लिए

सुबह का दीदार होगा, रात भर सोचा मगर
सुबह को हम सो गये सुबह की तमन्ना लिए

एक पत्थर की तरह ये ज़िन्दगी हमको मिली
वक़्त ने ऐसा तराशा क़ाबिले–चरचा हुए

ज़िन्दगी को ज़िन्दगी में हमने तो देखा नहीं
ज़िन्दगी का हाथ में घूमा किये नक़्शा लिए

घर बनाना चाहता था दिल को मैं 'साहिल' मगर
लोग इसको इक सराय ही सदा समझा किये

मैं भी बिकने चला, इस तेरे शहर में

मैं भी बिकने चला, इस तेरे शहर में
और करता भी क्या, इस तेरे शहर में

घर से बाहर जो निकला नहीं आज तक
बन गया रहनुमा, इस तेरे शहर में

ढूँढ़ता मैं रहा, कुछ भी मिल न सका
वहशतों के सिवा, इस तेरे शहर में

हम फ़क़ीरों को शिकवा किसी से नहीं
जो हुआ सो हुआ, इस तेरे शहर में

इक सुकूँ न मिला मुझको 'साहिल' कहीं
और सब कुछ मिला, इस तेरे शहर में

क्या बताऊँ कहाँ से डरता हूँ

क्या बताऊँ कहाँ से डरता हूँ
हर यक़ीनो–गुमाँ से डरता हूँ

ख़ौफ़ खाती थी कल ज़मीं मुझसे
आज मैं आसमाँ से डरता हूँ

सिर्फ़ करता हूँ वहीं पर सजदे
दर–हक़ीक़त जहाँ से डरता हूँ

यूँ तो हर बार रहा अव्वल ही
फिर भी हर इम्तिहाँ से डरता हूँ

तुम भी डरती हो अपनी आँखों से
मैं भी अपनी ज़ुबाँ से डरता हूँ

झुक कर मुझे सलाम करो

झुक कर मुझे सलाम करो, मैं नशे में हूँ
कोई तो नेक काम करो, मैं नशे में हूँ

होशो–ख़िरद[1] तुम्हीं को मुबारक हो दोस्तो
मुझको न ज़ेरे–दाम[2] करो, मैं नशे में हूँ

मैं पारसा[3] हूँ मेरे लिए है नशा हराम
ऐसे न ज़िक्रे–आम करो, मैं नशे में हूँ

दो मर्तबा[4] शराब को आबे–हयात[5] का
यूँ मुझको शादकाम[6] करो, मैं नशे में हूँ

मुझको शराब–ख़ाने में जो ले के आये थे
उनसे वसूल दाम करो, मैं नशे में हूँ

क़िस्सा–ए–मयकदा–ए–मुहब्बत[7] को छोड़कर
क़िस्से सभी तमाम करो, मैं नशे में हूँ

---

1. सूझ–बूझ; 2. जाल में जकड़ना; 3. नेक, शरीफ़; 4. रुतबा, पद; 5. अमृत
6. खुश; 7. प्रेम–रूपी मदिरायल की कहानी।

सख़्त मुश्किल आ पड़ी है दोस्तो

सख़्त मुश्किल आ पड़ी है दोस्तो
आज़माइश की घड़ी है दोस्तो

पेड़ तो हर दौर में शादाब था
बेल क्यों सूखी पड़ी है दोस्तो

सब्र न आराम न राहत कहीं
हर तरफ़ इक हड़बड़ी है दोस्तो

चाँद–तारे कब के रुख़सत हो चुके
तीरगी ज़िद पर अड़ी है दोस्तो

ये मुहब्बत, ये इनायत, ये वफ़ा
हो–न–हो कुछ गड़बड़ी है दोस्तो

ख़्वाब आँखों में गर नहीं होते

ख़्वाब आँखों में गर नहीं होते
इतने आसाँ सफ़र नहीं होते

बस वही संगसार होते हैं
जो इधर से उधर नहीं होते

मौत हर इक बशर को आती है
पर सभी तो अमर नहीं होते

अज़्मे–परवाज़[1] गर नहीं करते
हम यूँ बे–बालो–पर[2] नहीं होते

ख़्वाब होते नहीं सभी पूरे
हर शजर[3] पर समर[4] नहीं होते

---

1. उड़ान का संकल्प; 2. पंख व बाल विहीन; 3. वृक्ष; 4. फल।

हर जफ़ा, हर मेहरबानी

हर जफ़ा, हर मेहरबानी, किस क़दर दिलचस्प थी
दुनिया–ए–अहदे–जवानी[1], किस क़दर दिलचस्प थी

किस क़दर दिलचस्प था, जीवन का हर इक मरहला[2]
बहर–सूरत[3] हर कहानी, किस क़दर दिलचस्प थी

आबला–पा[4] इश्क़ की राहें सभी पुर–ख़ार[5] थीं
उठती–गिरती सी रवानी, किस क़दर दिलचस्प थी

नित नये अन्दाज़ में लगती थी दुनिया नित नयी
एक शय सदियों पुरानी, किस क़दर दिलचस्प थी

इस तरफ़ अपना जुनूने–इश्क़ था सबसे जुदा
उस तरफ़ उनकी जवानी, किस क़दर दिलचस्प थी

मानता हूँ थी जवानी चार दिन की चाँदनी
चीज़ थी गो[6] आनी–जानी, किस क़दर दिलचस्प थी

---

1. जवानी के समय की दुनिया; 2. मुक़ाम, पड़ाव; 3. हर हाल में; 4. पैरों में छाले पड़े हुए; 5. काँटों से भरी; 6. हालाँकि।

यूँ न हर वक़्त आहें भरा कीजिए

यूँ न हर वक़्त आहें भरा कीजिए
यूँ न तौहीने–नामे–वफ़ा कीजिए

क्या ज़रूरी है हर बात की हो वजह
बेवजह मुस्कुराते रहा कीजिए

काम मुश्किल सही, ग़ैर–मुमकिन नहीं
कीजिए, कीजिए, हौसला कीजिए

ज़िन्दगी के सफ़र में सभी को मिलें
मंज़िलों के निशाँ, ये दुआ कीजिए

हाथ मिलने से दिल अपने मिल न सके
अब उपाय कोई दूसरा कीजिए

मुझ पे उँगली उठाते रहे आज तक
आज अपनी तरफ़ आईना कीजिए

टूटा हुआ, बिखरा हुआ, तनहा दिखाई दे

टूटा हुआ, बिखरा हुआ, तनहा दिखाई दे
ऐ काश वो भी मुझको मुझी–सा दिखाई दे

जो बिजलियों की तेज़ निगाहों से बच गया
कोई तो आशियाँ मुझे ऐसा दिखाई दे

जागा हुआ ज़मीर, सदाक़त–पसन्द दिल
अपना नहीं तो और किसी का दिखाई दे

साया ही अपना जबकि दिखाई नहीं देता
उनको ये ज़िद कि साये का साया दिखाई दे

इक दर्द का दरिया है, समन्दर है वफ़ा का
महबूब की आँखों में जो क़तरा दिखाई दे

ख़ुश हूँ कि हिक़ारत से मुझे देखता है वो

ख़ुश हूँ कि हिक़ारत से मुझे देखता है वो
यानी मेरे बारे में भी कुछ सोचता है वो

घर–घर, गली–गली में मुझे ढूँढ़ता है वो
गर मैं हूँ इक चराग़ तो पागल हवा है वो

करता हूँ जब भी याद तो होती है तसल्ली
कुछ पग तो मेरे साथ मिलाकर चला है वो

मैंने भी कोई ख़ास चुकाई नहीं क़ीमत
दुनिया समझ रही है कि बस बेवफ़ा है वो

धरती–गगन को उसने अता की हैं धड़कनें
पर आप कह रहे हैं कि इक बुलबुला है वो

इक फूल जो महका था कभी शाख़े–वफ़ा पर
बिलकुल तुम्हारी तरह ही लगने लगा है वो

कभी ख़्वाबों-ख़यालों में भी

कभी ख़्वाबों–ख़यालों में भी जो सोचा नहीं होगा
वही होगा कि जो अकसर यहाँ होता नहीं होगा

मेरे हिस्से में उसका जिस्म ही आया तो क्या कीजे
कि मैंने ही उसे पूरी तरह चाहा नहीं होगा

यही होगा हमारे शहर में भी देखना इक दिन
हज़ारों लोग होंगे पर कोई चेहरा नहीं होगा

नदी के सामने गर हाथ फैलाया नहीं उसने
तो इसका ये नहीं मतलब कि वो प्यासा नहीं होगा

जो लम्हा था हमारे दरमियाँ ख़ुशबू के पुल जैसा
मुझे पूरा भरोसा है अभी बीता नहीं होगा

उसे अब कौन समझाये कि तिरछा बल्ब करने से
फ़क़त साया ही लम्बा होगा क़द ऊँचा नहीं होगा

गुल महकने लगे हर बियाबान में

गुल महकने लगे हर बियाबान में
जब से झाँका है अपने गिरेबान में

दर्दे–दिल भी वही दर्दे–सर भी वही
न घटा, न बढ़ा कुछ भी सामान में

चीख़ते हैं सभी भीड़ में ज़ोर से
अब नहीं कहता कुछ भी कोई कान में

दिल सभी से मिले, कैसे मुमकिन है ये
फ़र्क़ होता है इन्सान इन्सान में

फ़ायदा इश्क़ में कब किसे हो सका
फिर भी रहता नहीं कोई नुक़सान में

नाम ही से जो 'साहिल' था ऐ दोस्तो
फँस गया वो सफ़ीना भी तूफ़ान में

सब कुछ सच-सच उगल रहे हैं देखो तो

सब कुछ सच–सच उगल रहे हैं देखो तो
पत्थर ख़ुद ही पिघल रहे हैं देखो तो

एक ज़रा–सी ख़ुश–फ़हमी भी क्या कहिये
लफ़्ज़ लबों से फिसल रहे हैं देखो तो

बाहर की गर नहीं तो अपने भीतर की
हम भी दुनिया बदल रहे हैं देखो तो

फ़स्ले–गुल की हलकी–सी आहट पाकर
पंछी कैसे उछल रहे हैं देखो तो

जीत के भी तुम जीत नहीं पाये हमसे
हम ही आख़िर सफल रहे हैं देखो तो

पलकों के छज्जे से नन्हें ख़्वाब मेरे
गिरते–गिरते सँभल रहे हैं देखो तो

माटी की गागर के हित में

माटी की गागर के हित में पीतल की ठुकराता कौन
नगरी–नगरी द्वारे–द्वारे सच्ची अलख जगाता कौन

दरिया–दरिया प्यास मिली है महफ़िल–महफ़िल तनहाई
दूर से मुझको पास बुलाकर आख़िर है छुप जाता कौन

एक नहीं, दो चार नहीं, लाखों आवाज़ें थीं रौशन
ऐसे में फिर एक हमारी ख़ामोशी सुन पाता कौन

चाँद–सितारे अन्धे ठहरे, गूँगे दीपक–राग सभी
मेरे क़त्ल की राम–कहानी सुबह को दोहराता कौन

सहमे–सहमे दीवारो–दर ख़ौफ़–ज़दा सारा आलम
ऐसे में ख़ुश–फ़हम लतीफ़ो, तुम्हीं कहो हँस पाता कौन

जाने कितने नाम लिखे थे 'साहिल' के दिल पर लेकिन
वक़्त की मौजे–बेपरवा से आख़िर है बच पाता कौन

दर्द जब तक जवान है प्यारे

दर्द जब तक जवान है प्यारे
हर ख़ुशी मेहरबान है प्यारे

दिल है सरहद यक़ीने–कामिल की
इसके आगे ग़ुमान है प्यारे

मेरे हक़ में, न मेरे दुश्मन के
दोस्तों का बयान है प्यारे

जिसको दुनिया उरूज कहती है
दर–हक़ीक़त ढलान है प्यारे

न तो जन्नत में न जहन्नुम में
ज़िन्दगी दरम्यान है प्यारे

कई रंग हैं, कई रूप हैं

कई रंग हैं, कई रूप हैं, कई नाम हैं मेरे सामने
इक बूँद है जिसमें अयाँ कई जाम हैं मेरे सामने

न तू बेवफ़ा न मैं बेवफ़ा, मगर इस मुहब्बत के सिवा
कई काम हैं तेरे सामने, कई काम हैं मेरे सामने

जो ज़मीने–दिल से रहे ख़फ़ा, जो फ़लक–मुक़ाम रहे सदा
वही ताइरे–लाहूत अब तहे–दाम हैं मेरे सामने

ये जो ज़ख़्म हैं तेरी चाह के, नहीं ख़ार ये मेरी राह के
ये तो हौसला–अफ़ज़ाई के पैग़ाम हैं मेरे सामने

ये जफ़ा नहीं, ये वफ़ा नहीं, ये सज़ा नहीं, ये जज़ा नहीं
हद्दे–बयाँ से परे हैं जो, वो मुक़ाम हैं मेरे सामने

कुछ सहराओं में, पैमाने छलकाते हैं

कुछ सहराओं में, पैमाने छलकाते हैं
कुछ मयख़ानों में भी प्यासे रह जाते हैं

मत पूछ कि किन नज़रों से घर तकता है उन्हें
जब लौट के बुद्धू वापस घर को आते हैं

दस्तक या किसी आहट की तसल्ली पाते ही
ग़म के पंछी दम भर के लिए उड़ जाते हैं

सुख चार क़दम ही साथ चला करते हैं मगर
दुख–दर्दो–अलम जीवन भर साथ निभाते हैं

बरसों पहले इक ख़्वाब बुना था शीशे का
दुनिया वाले अब तक पत्थर बरसाते हैं

जब साथ समन्दर पार से चिट्ठी आती है
बीते दिन आकर पास खड़े हो जाते हैं

तक़दीर ही अपनी रूठ गयी होगी हमसे
वरना काग़ज़ के फूल कहीं मुरझाते हैं

रहगुज़ारे-दर्द की सारी कथा कह लीजिए

रहगुज़ारे–दर्द[1] की सारी कथा कह लीजिए
मंज़िलों पर जुस्तजू[2] का मर्सिया[3] कह लीजिए

एक रिश्ता है अभी बाक़ी हमारा आपसे
अब उसे कहिये तसव्वुर[4] या दुआ कह लीजिए

रंग हैं क़ायम अगर अपनी जगह पर दोस्तो
फिर मेरी आँखों को धुँदला आईना कह लीजिए

अब हिरासे–वुसअते–शब[5] की यही तदबीर[6] है
चाँद को सूरज, अँधेरे को ज़िया[7] कह लीजिए

पूछते हैं लोग जब मुझसे जुदाई का सबब[8]
कह दिया करता हूँ, क़िस्मत का लिखा कह लीजिए

अब कहाँ वो रंगे–ख़ूने–दिल[9] की अक्कासी[10] कि अब
शेरगोई[11] को महज़ इक मशग़ला[12] कह लीजिए

हम मिटे जाते हैं 'साहिल' इब्तिदा–ए–शौक़[13] में
आप चाहें तो इसी को इन्तिहा[14] कह लीजिए

---

1. दर्द रूपी रास्ता; 2. तलाश; 3. शोक–गीत; 4. कल्पना; 5. रात्रि का फैलाव; 6. उपाय; 7. प्रकाश; 8. कारण; 9. दिल के लहू का रंग; 10. चित्रकारी; 11. शायरी करना; 12. कार्य 13 प्रेम का आरम्भ; 14. चरमोत्कर्ष।

जाने किस बात का अहसास

जाने किस बात का अहसास दिलाता है मुझे
चन्द अशआर मेरे रोज़ सुनाता है मुझे

मुझको पहले तो अँधेरों से डराता है बहुत
और फिर तेज़ हवा बन के बुझाता है मुझे

सब तजुर्बातो–हवादिस का करिश्मा है कि बस
दर–हक़ीक़त न कुछ आता है न जाता है मुझे

फ़ोन करता है, मगर बात नहीं करता है
आज़माता है, रिझाता है, डराता है मुझे

भीड़ में सच की तरह दिल में छुपा लेता है
और तनहाई में आईना दिखाता है मुझे

मैं कि वो ख़्वाब हूँ जिसकी कोई ताबीर नहीं
पर तअज्जुब कि तू आँखों में बसाता है मुझे

हर नफ़स कुछ माजरा ऐसा हुआ

हर नफ़स कुछ माजरा ऐसा हुआ
इक भरम टूटा तो इक पैदा हुआ

इक कली हँसती हुई गुलज़ार में
कह रही है फूल अब बूढ़ा हुआ

जिस्म मिल जाना ही क्या काफ़ी नहीं
जानो–दिल से कौन कब किसका हुआ

अब कोई चारा नहीं इसके सिवा
ये कहें कि जो हुआ अच्छा हुआ

एक मुद्दत से वो मेरे साथ है
हालाँकि मुद्दत से है बिछुड़ा हुआ

सोचकर उसको हँसाना दोस्तो
रो दिया करता है वो हँसता हुआ

मंज़िले–तस्कीन तक पहुँचूँगा मैं
रहगुज़ारे–दर्द से होता हुआ

इबादतों से कब किसी को

इबादतों से कब किसी को मिल सका है ख़ुदा
जुनूँ है, इश्क़ है, अहसास है, वफ़ा है ख़ुदा

चला जो आ रहा है आज तलक सदियों से
मुहब्बतों का वही पाक सिलसिला है ख़ुदा

किसी की अब नहीं, मोहताज मेरी वाक़फ़ियत
मैं जानता हूँ उसे, मुझको जानता है ख़ुदा

ज़रूर हमसे हुई है कोई–न–कोई ख़ता
कई दिनों से लग रहा ख़फ़ा–ख़फ़ा है ख़ुदा

न जाने किसकी जुस्तजू है क्या तलाश उसे
कभी किसी कभी किसी को भेजता है ख़ुदा

मुझे इन्साफ़ से महरूम क्यों रक्खेगा भला
सभी बच्चों के लिए एक–सा पिता है ख़ुदा

बहुत क़रीब है 'साहिल' यही कहा है सदा
हमेशा देता रहा मुझको हौसला है ख़ुदा

यूँ करना चाहता शायद था शर्मसार मुझे

यूँ करना चाहता शायद था शर्मसार मुझे
लिपट के चूम रहा था वो बार–बार मुझे

तमाम उम्र मेरा इन्तिज़ार उसने किया
तमाम उम्र रहा जिसका इन्तिज़ार मुझे

लबो–नज़र पे कहीं भी मेरी तस्वीर नहीं
कहीं वो दिल से भी अपने न दे उतार मुझे

मलाल है तो इसी बात का कि जाते हुए
वो लौटने का दे गया है ऐतिबार मुझे

वो एक ग़म जिसे अश्कों से तुमने सींचा था
लगे है दौरे–ख़िज़ाँ में भी पुर–बहार मुझे

जैसा भी हूँ मैं बेवफ़ा तुझसा तो नहीं हूँ

जैसा भी हूँ मैं बेवफ़ा तुझसा तो नहीं हूँ
आगे किसी भी ग़ैर के रोया तो नहीं हूँ

जो ज़ख़्म दे मुझको, मैं उसे दिल से दुआ दूँ
अच्छा हूँ मगर इतना भी अच्छा तो नहीं हूँ

रहता हूँ अपने आपसे मैं भी ख़फ़ा–ख़फ़ा
रुसवा मैं अपने आपको करता तो नहीं हूँ

शिकवे–गिले–शिकायतें मुझको भी हैं मगर
उसकी इनायतों को मैं भूला तो नहीं हूँ

रक्खा है ख़ुद को हर घड़ी मैंने सँभालकर
टूटा हूँ मगर टूट के बिखरा तो नहीं हूँ

लेता रहा हूँ जायज़ा हर इक मुक़ाम पर
तब्दीलियों में वक़्त की बदला तो नहीं हूँ

'साहिल' मुझे पसन्द नहीं ऐसी ज़िन्दगी
ज़िन्दा हूँ फिर भी यूँ लगे ज़िन्दा तो नहीं हूँ

हर लम्हा इन्तिज़ार के क़ाबिल सा लगे है

हर लम्हा इन्तिज़ार के क़ाबिल सा लगे है
सच ये भी है कि तू मुझे हासिल सा लगे है

कहने को है जुदा, तू अलग है, तू दूर है
फिर भी मुझे तू मुझमें ही शामिल सा लगे है

इक नूर–सा देखा न सुना पहले जो कभी
होता हुआ वजूद में... दाख़िल सा लगे है

तू हमसफ़र हुआ तो हुआ हर सफ़र अज़ीज़
रस्ते का हर मुक़ाम इक मंज़िल सा लगे है

सौहबत का असर है या इनायत है ख़ुदा की
तूफ़ाने–ग़म भी अब मुझे 'साहिल' सा लगे है

सिवा इसके कोई झगड़ा नहीं था

सिवा इसके कोई झगड़ा नहीं था
उसे मैं, वो मुझे समझा नहीं था

बहुत अच्छा था वो, सब जानते थे
यही उसके लिए अच्छा नहीं था

नज़र–अंदाज़ क्यों करता मैं तुमको
क़सम से, इक ज़रा देखा नहीं था

बिछुड़ते वक़्त वो भी ख़ुश था शायद
मुझे भी दुख कोई ख़ासा नहीं था

तुझे मैं सोचता अकसर था लेकिन
कभी तेरी तरह सोचा नहीं था

बुझाता प्यास मैं किस–किस की आख़िर
था ऐसा कौन जो प्यासा नहीं था

तसव्वुर भी अकेलेपन का साथी
कभी होता, कभी होता नहीं था

कुछ बदले हालात, कुछ बदला शायर

कुछ बदले हालात, कुछ बदला शायर
आधा बिजनसमैन हूँ मैं आधा शायर

इक दिन ऐसा भी आयेगा, कहता था
सच कहता था शायद वो झूठा शायर

जाने किसकी लाश पड़ी थी नुक्कड़ पर
जाने मेरे भीतर क्यों रोया शायर

पहली–पहली टीस भला कैसी होगी
कैसा होगा वो पहला–पहला शायर

आँगन को जब कमरों में तक़सीम किया
गलियों–गलियों बिखर गया बूढ़ा शायर

हर घर में इक रौशन–दान ज़रूरी है
हर दिल में लाज़िम है इक सच्चा शायर

कितना आसाँ लगता है इस दुनिया को
कितना मुश्किल होता है होना शायर

भरी महफ़िल में तनहा–सा

भरी महफ़िल में तनहा–सा ठिकाना ढूँढ़ लेता हूँ
तसव्वुर में बहकने का बहाना ढूँढ़ लेता हूँ

ख़यालों में रहा करता हूँ अकसर लोग कहते हैं
ज़माना कोई हो, गुज़रा ज़माना ढूँढ़ लेता हूँ

ख़ुशी हो, दर्द हो, अफ़सोस हो, रंजिश हो, राहत हो
तरन्नुम के लिए कोई तराना ढूँढ़ लेता हूँ

बहाना जिन्दगी का मिल ही जाता है मुझे आख़िर
कुरेदा मत करो ज़्यादा, कहा ना ढूँढ़ लेता हूँ

कड़कती धूप में अकसर प्याऊ मिल ही जाता है
नये महलों में कोई घर पुराना ढूँढ़ लेता हूँ

नशा कोई भी हो, कितना भी हो, कैसा भी हो 'साहिल'
ग़नीमत है कि अपना आशियाना ढूँढ़ लेता हूँ

तुमको देखा नहीं ज़माने से

तुमको देखा नहीं ज़माने से
लौट आओ किसी बहाने से

दर्द आराम बन गया अब तो
ज़ख़्म लगने लगे सुहाने से

हो मुख़ालिफ़ अगर कोई तुम सा
हार अच्छी है जीत जाने से

सारे अहसान कर दिये मट्टी
तुम न रोके रुके जताने से

आप आओ कभी बुलाओ हमें
प्यार बढ़ता है आने–जाने से

हो सके तो न कर यक़ीं मुझ पर
तीर कहता रहा निशाने से

कोई छोटा नहीं हुआ करता
सुल्ह करने से, सर झुकाने से

चलो कुछ अच्छा करते हैं

चलो कुछ अच्छा करते हैं
ख़ुशी को साझा करते हैं

सँभलना भी पड़ सकता है
नशा भी आधा करते हैं

नहीं मिलता जो मिलकर भी
उसी को पूजा करते हैं

इबादत हो ही जाती है
तुझे जब सोचा करते हैं

डुबो सकता है 'साहिल' भी
भँवर को कोसा करते हैं

हर दम सफ़र में रहता था

हर दम सफ़र में रहता था
मंज़िल भी इक रस्ता था

गूँगा बनकर कहता था
बहरा बनकर सुनता था

अन्तर घट तक प्यासा था
कहने को ही दरिया था

मेरी ख़ुशी कब मेरी थी
उसका दुख कब उसका था

दिल का अच्छा था 'साहिल'
मैं कुछ और समझता था

उमीद तू है यक़ीन तू है

उमीद तू है यक़ीन तू है, सवाल तू है जवाब तू है
मेरी हक़ीक़त, ख़याल मेरा, हिसाब तू, बेहिसाब तू है

करूँ मैं कैसे बयाँ बता दे, तेरी सख़ावत, तेरा बड़प्पन
गुनाह मेरे ढके जो हरदम, वो रहमतों का नक़ाब तू है

मैं एक दरिया तू है समन्दर, मैं एक दीपक तू रौशनी है
मैं एक सुर हूँ तू मौसीक़ी है, मैं एक अक्षर किताब तू है

चमन में दिल के हमेशा मैंने तुझी को जलवानुमा है पाया
हवा महक रंग रूप सबमें, दिखे मुझे बस जनाब तू है

यही तमन्ना यही तक़ाज़ा, तुझी से जाने मुझे ज़माना
मेरी नज़र में जहान भर में, सभी से ऊँचा ख़िताब तू है

जिसे मिला ज़िन्दगी का 'साहिल' उसे मुबारक उसे बधाई
मेरा तो माझी मेरा तो साहिल मेरी तो कश्ती जनाब तू है

क्या खोया क्या पाया है

क्या खोया क्या पाया है
सब माया ही माया है

जीवन है बेमानी सा
चलती फिरती छाया है

समझ नहीं पाया कोई
जो समझा पछताया है

दास 'कबीरा' सच बतला
अपना कौन पराया है

आख़िर यही तसल्ली है
ज़ोख़िम ख़ूब उठाया है

हुनर ये ज़हर पचाने का
आते–आते आया है

शाम होते ही ख़ुद से माँगना

शाम होते ही ख़ुद से माँगना हिसाब–सा कुछ
और ऐसे में चाहिए मुझे शराब–सा कुछ

लाख छुपता हूँ, छुपाता हूँ अपने ऐबों को
हो ही जाता है दोस्तों में बेनक़ाब–सा कुछ

बन्द आँखों से पढ़ा करता हूँ ख़ुद को अकसर
दिल में खोले हुए रखता हूँ मैं किताब–सा कुछ

टूट जाता हूँ, बिखरता हूँ, मिट सा जाता हूँ
तब कहीं जा के पनपता है इन्क़िलाब–सा कुछ

पहले 'साहिल' वो लगाता था तख़ल्लुस यारो
अब न जाने वो लगाता है क्यों ख़राब–सा कुछ

मश्वरे तो सभी दे रहे थे

मश्वरे तो सभी दे रहे थे, साथ मेरा दिया ना किसी ने
सरसरी तौर पर भी न पूछा, कैसे तोड़ा भरोसा किसी ने

जब भी आयी है मुश्किल घड़ी तो, जब ज़रूरत किसी की पड़ी तो
यूँ खिसकने लगे ख़ास अपने, फिर पलटके न देखा किसी ने

ज़िन्दगी बस मुझे आज़मा तू, आज़मा न मेरे दोस्तो को
क्यों बुरा तू किसी को बनाये, क्या बिगाड़ा है तेरा किसी ने

कर लिए यूँ ही वादे पे वादे, खा गये यूँ ही क़समों पे क़समें
फिर निभाना भी पड़ता है करके, इक दफ़ा भी न सोचा किसी ने

जब भी डूबी किनारे पे कश्ती, हँस पड़ी मुझ पे सारी ख़ुदाई
साथ ऐसे में 'साहिल' दिया है, अपने दिल के सिवा ना किसी ने

क़तआत (मुक्तक)

ख़याल फूलों के दिल में सजा रहा हूँ मैं
ख़ुद अपनी राह में काँटे बिछा रहा हूँ मैं
उसे कहो कि करे और इन्तज़ार मेरा
उसे ये किसने कह दिया कि आ रहा हूँ मैं

मेरी तस्वीर के टुकड़े सँभाल कर रखना
कभी भी काम आ सकती हैं पुरानी यादें
कभी जो महफ़िलों से दिल उचाट हो जाये
तो काम आती हैं ऐसे में रूहानी यादें

ग़लत–सही में फ़र्क़ है क्या, समझी है कब
बड़बोली है, औरों की सुनती है कब
वो भी कह देती है जो कहना हो मना
ख़ामोशी ख़ामोश रहा करती है कब

मामला उसकी अदालत में रख दिया मैंने
लोग कहते हैं कि इन्साफ़ किया करता है
तू क्यों डरता है अगर तूने किया कुछ भी नहीं
बेगुनाहों को ख़ुदा माफ़ किया करता हैं

हर घड़ी आसपास रहते थे
किस क़दर दूरियों से डरते थे
अब मेरा फ़ोन भी उठाते नहीं
पहले घंटों जो बात करते थे

गली–गली में मन्दिर है या मस्जिद है या गुरुघर है
सभी के दिन हैं अच्छे, सबका काम बहुत ज़ोरों पर है
पीर–पयम्बर देव–देवियाँ इतने हैं कि पूछो मत
नहीं वो भूखा मर सकता 'साहिल' जो धार्मिक सिंगर है

हाल देखा जो मेरा, उनकी हँसी फूट पड़ी
एक दीवार थी लिहाज़ की, सो टूट पड़ी
हर कोई हँस रहा है मुझपे कुछ ऐसे 'साहिल'
दर्द की बस्ती में जैसे हो कोई लूट पड़ी

नमक भर–भर के मेरे ज़ख़्मों पे हँसने वाले
और ताने मेरी तनहाई पे कसने वाले
कोई दुश्मन नहीं, ये दोस्त मेरे हैं 'साहिल'
ख़ुद के पाले हुए ही हैं मुझे डसने वाले

जिये जाना ही तो मक़सद नहीं होता है जीने का
पता चलता है तूफ़ाँ में असल दम–ख़म सफ़ीने का
हज़ारों बार कैसी–कैसी चोटों से गुज़रता है
तभी आकार लेता है कोई पत्थर नगीने का

हश्र में इन्साफ़ जब होगा वहाँ
साथ तेरा कोई न देगा **वहाँ**
अपनी अपनी फ़िक्र में **होंगे सभी**
बाप बेटी माँ बहन **बेटा** वहाँ

यूँ नहीं फिरते **बेलगाम** से हम
काम रखते हैं **अपने** काम से हम
ख़ास मक़सद है जिसको पाना है
आदमी यूँ तो हैं इक आम से हम

हम अपनी राह की सब मुश्किलें ठोकर पे रखते हैं
ज़माने भर की सारी अड़चनें ठोकर पे रखते हैं
इरादा, मुट्ठियों में आसमाँ को बाँधने का है
बदलते मौसमों की आहटें ठोकर पे रखते हैं

इक–दूजे को समझ नहीं पाये दोनों
आधे–अधूरे आख़िर कहलाए दोनों
मजबूरी इक–दूजे की साझा करते
काश मुकम्मल हो जाते हाए दोनों

मिलते–जुलते रहना अच्छा होता है
बातें करते रहना अच्छा होता है
हल निकलेगा आज नहीं तो कल कोई
आगे बढ़ते रहना अच्छा होता है

ख़ुश–फ़हमियों का सिलसिला देते रहा करो
इक–दूसरे को हौसला देते रहा करो
इन्सानियत का ये ही तक़ाज़ा है दोस्तो
इन्सान होने का पता देते रहा करो

ज़िन्दा रहने का हमें कोई इशारा दे दे
सिर्फ़ कहने को हमें कोई हमारा दे दे
गर नहीं उसके मुक़द्दर में सफ़ीना तो ख़ुदा
डूबने वाले को तिनके का सहारा दे दे

दिन गुज़र जाता है जैसे–तैसे
शाम लेकिन गुज़र नहीं पाती
वक़्त गोया ठहर–सा जाता है
पर तबीयत ठहर नहीं पाती

तेरी मर्ज़ी पे बात ठहरी है, दर्द दे या तू दे ख़ुशी हमको
शिकवा करते हुए मुक़द्दर का, तू न देखेगा अब कभी हमको
ये अँधेरे ज़हर में डूबे हुए, हँसते–हँसते कुबूल कर लेंगे
तेरे चेहरे पे मुस्कुराहट हो, इतनी काफ़ी है रोशनी हमको

नज़र बेवजह मोड़ कर जा रहे हो
तड़पता हुआ छोड़कर जा रहे हो
नहीं जुड़ सकेगा कभी भी ये हरगिज़
ये शीशा जिसे तोड़कर जा रहे हो

कुछ 'सूर' या 'तुलसी' का बदल हो तो कुछ कहूँ
कुछ 'मीर' या 'ग़ालिब' सी ग़ज़ल हो तो कुछ कहूँ
कहना महज़ लफ़्ज़ों में हो, अच्छा नहीं लगता
कहने में जानो–दिल का दख़ल हो तो कुछ कहूँ

छबीलें एक दिन की थीं, भण्डारे एक दिन के थे
ग़रीबों के लिए फिर से वही आलम है तंगी का
महक मीठे गुलाबी दूध की साँसों में रौशन है
समाया है नज़ारा आँख में वो पूरी–सब्ज़ी का

ख़्वाब आँखों में सजाये थे कभी
गीत ख़ुशियों के भी गाये थे कभी
बेरहम वक़्त से देखे न गये
रेत के घर जो बनाये थे कभी

नाशाद किया इश्क़ ने
बरबाद किया इश्क़ ने
सर के बल चलकर गये
जब याद किया इश्क़ ने

नसीबों से मिला करती है शौहरत
मशक़्क़त तो सभी करते हैं वरना
इबादत कर अगर पाना है कुछ तो
वो रब माने तो मन जाती है दुनिया

न दवा चाहिए, न दुआ चाहिए
न उपाय कोई दूसरा चाहिए
दर्दे–दिल को मेरे, दर्दे–जाँ को मेरे
रूबरू तू ही जलवानुमा चाहिए

मस्ती के लिए पी या निभाने के लिए पी
अपने ही लिए पी या ज़माने के लिए पी
पीकर यूँ बहकना हुआ अन्दाज़ पुराना
पीना है तो फिर होश में आने के लिए पी

सिंध है वो, लाहौर है वो, मुल्तान है वो
पुरखों ने बतलाया, दिल है जान है वो
पाकिस्तान तो नाम है बस फ़र्ज़ी उसका
कल भी था और आज भी हिन्दुस्तान है वो

किसी फूल पर झूमती–गुनगुनाती
किसी शोख़ तितली को जब मैंने देखा
कि जो मिट चली थी मेरे दिल से 'साहिल'
हुई और भी दर्द की गहरी रेखा

हमें राहों के पेचो–ख़म, तुम्हें मंज़िल मुबारक हो
हमें ख़ूंख़ार सन्नाटे, तुम्हें महफ़िल मुबारक हो
हमें तो ग़म के इस दरिया में आख़िर डूबना ही था
तुम्हें क़िस्मत का माझी, वक़्त का 'साहिल' मुबारक हो

रंगीन ज़ख़्म हैं मेरे सारे शरीर पर
गुस्से में बनाया गया मैं एक चित्र हूँ
रंगों की मार ज़हन से दिल तक उतर गयी
दिलचस्प तो नहीं हूँ, मगर हाँ विचित्र हूँ

तुझे देखता हूँ तो लगता है ऐसे
कि जैसे मेरी हर ख़ुशी है तुझी से
कि जैसे मैं जीता हूँ साँसों में तेरी
कि जैसे मेरी ज़िन्दगी है तुझी से

न दुनिया कभी इस क़दर दिलनशीं थी
न मौसम कभी इतने प्यारे थे जानम
न फूलों में रंगत, न ख़ुशबू थी ऐसी
न जब साथ तुम यूँ हमारे थे जानम

कोई पीर, फ़क़ीर, ख़ुदा, अल्ला या रब
कोई देवी–देव नहीं करता करतब
अकसर देखा है मैंने छुप जाते हैं
चमत्कार दिखलाने वाले सब के सब

कैसी हवा चली कि मुझे मिल गये हो तुम
हर शय बदल गयी कि मुझे मिल गये हो तुम
लिक्खी थी रंजो–ग़म की सियाही के साथ साथ
क़िस्मत में चाँदनी कि मुझे मिल गये हो तुम

ग़म छुपाते रहे, मुस्कुराते रहे
बेबसी को हँसी में उड़ाते रहे
हाल पूछा जो हमसे किसी ने कभी
हम भी दस्तूरे–दुनिया निभाते रहे

कहूँ अल्फ़ाज़ में कैसे कि क्या हो
मेरी हिम्मत हो, मेरा हौसला हो
मैं इक अहसास हूँ आधा–अधूरा
तुम्हीं से मिल के जो पूरा हुआ हो

किसी सूरत दिलो–जाँ से मिटाया जा नहीं सकता
किसी सूरत जिसे भूला–भुलाया जा नहीं सकता
बहुत कुछ है जिसे महसूस तो करता हूँ मैं 'साहिल'
मगर लफ़्ज़ों की हद में जिसको लाया जा नहीं सकता

जीवन के इस मोड़ पे आकर लगता है
सदियों लम्बा और भी आगे रस्ता है
जिस पर चाहे–अनचाहे हमको 'साहिल'
हँसना है, रोना है, लेकिन चलना है

कभी–कभी लगता है एक फ़रिश्ता हूँ
कभी–कभी लगता है दानव जैसा हूँ
कभी–कभी लगता है ऊँचा हूँ ख़ुद से
कभी–कभी लगता है गिरने वाला हूँ

ग़म और सभी सहना, मेरे अच्छे दोस्तो
उल्फ़त से दूर रहना, मेरे अच्छे दोस्तो
इस आग के दरिया में किनारा नहीं मिलता
फिर बाद में न कहना, मेरे अच्छे दोस्तो

काश कुछ उम्मीद होती, काश होता इन्तज़ार
काश मेरे दिल को लगता, है तेरे दिल में भी प्यार
काश तूने कुछ कहा होता जुदा होते समय
काश तूने मुड़ के देखा होता मुझको एक बार

चैन अपना उजाड़ कर ख़ुद ही
दर्द आबाद कर रहा हूँ मैं
कोई समझाता क्यों नहीं मुझको
फिर उसे याद कर रहा हूँ मैं

तुम मिले ज़िन्दगी का सवेरा हुआ
अब तलक था अँधेरों ने घेरा हुआ
रूह को इक नयी रोशनी मिल गयी
जब से दिल में तुम्हारा बसेरा हुआ

जब शबे–ग़म के अँधेरों ने सताया है मुझे
उसकी यादों ने भटकने से बचाया है मुझे
जब कभी ख़ुद को अँधेरों में वो पाता होगा
मेरी यादों के दिये वो भी जलाता होगा

सोचता हूँ तो काँप जाता हूँ
कैसे जीते हैं, जो नहीं पीते
सर्दियों में तो ख़ास अमृत है
वो भी पीते हैं, जो नहीं पीते

तरन्नुम में कभी गाया गया हूँ
कभी आँखों से छलकाया गया हूँ
कभी दिल की अँधेरी कोठरी में
किसी जुगनू–सा ठहराया गया हूँ

न जाने कौन–सी ख़ुशबू उतर गयी मुझमें
कि वीराना भी गुलिस्ताँ–सा नज़र आता है
ख़िज़ाँ में हँसता–मुस्कुराता हुआ देख मुझे
ग़ुबारे–वक़्त भी नाकाम ख़ुद को पाता है

तुमने भी तो दुक्खों का अम्बार उठाया तनहा ही
कैसे कर लेता मैं शामिल तुमको अपने दुक्खों में
हँसते–हँसते मिलकर तुमसे हँसते–हँसते बात हुई
मैं भी अपनों में लौट आया, तुम भी अपने अपनों में

कहूँ क्या कि अनजान राहों पे 'साहिल'
अकेले ही किस तरह मैंने बसर की
मुझे चाह मंज़िल की उतनी नहीं अब
कि चाहत है जितनी किसी हमसफ़र की

आसमाँ सर पे उठाये हुए इस आलम में
फिर कोई जज़्बा-ए-ख़ामोश मिले या न मिले
आज दिल खोल के हँसने दे रो लेने दे मुझे
क्या पता फिर तेरी आग़ोश मिले या न मिले

उससे कहना कि मेरे टच में रहे
जी नहीं पाऊँगा, तनहा जो हुआ
मुझको आता नहीं दुनिया से अकेले लड़ना
मैं बिखर जाऊँगा, तनहा जो हुआ

हर क़दम साथ चला करता है लेकिन फिर भी
सोचता हूँ वो किसी और का साया तो नहीं
जाने क्या बात है, क्यों मुझको खटकता है यही
मैं जिसे अपना समझता हूँ, पराया तो नहीं

जो बात तुम्हारी आँखों ने मुझ तक पहुँचा दी है कब की
वो बात तुम्हारे होंठों से इक बार मैं सुनना चाहता हूँ
माना कि मुहब्बत से मेरी तुमको कोई इन्कार नहीं
लेकिन अपने इन कानों से इक़रार मैं सुनना चाहता हूँ

वक़्त कम है, काम है ज़्यादा बहुत
ज़िन्दगी अब न मुझे समझा बहुत
कर गुज़रने दे मुझे दिल की कही
मुझ पे ये अहसाँ तेरा होगा बहुत

जैसे कि साथ–साथ कटी है तमाम उम्र
दिन ज़िन्दगी के तनहा बिताये नहीं लगते
देखा तुम्हें तो हाल अजब है मेरे दिल का
तुम अजनबी हो फिर भी पराये नहीं लगते

सुकूँ–बख़्श ये बेक़रारी नहीं थी
कभी ज़िन्दगी इतनी प्यारी नहीं थी
तसव्वुर भी इतना हसीं कब था 'साहिल'
कि जब इस क़दर तुमसे यारी नहीं थी

माना कि तू हिसाब का पक्का है ऐ ख़ुदा
मुझको भी तेरे इस हुनर से कुछ गिला नहीं
पर इक नज़र तू देख ले जो प्यार से इधर
इसमें तो कोई दोष नहीं, कुछ बुरा नहीं

कहूँ क्या कि आख़िर कहाँ से चला था
मैं उठकर तेरे आस्ताँ से चला था
तलाशे–सुकूँ में भटकता–भटकता
वहीं आ गया हूँ, जहाँ से चला था

नहीं आज कोई ठिकाना ख़ुशी का
मिला आज हमको ख़ज़ाना ख़ुशी का
तुम्हें अपने पहलू में देखा तो जानम
लगा, आ गया फिर ज़माना ख़ुशी का

तुम भी मेरी तरह अकेले हो
साथ चाहो तो साथ दो मेरा
और कुछ भी नहीं किसी के लिए
दिल ही रक्खा है दोस्ती के लिए

किसी न किसी बहाने देता रहता हूँ
सपने कई सुहाने देता रहता हूँ
नाम तुम्हारा लेकर अकसर ख़ुद को मैं
ख़ुशियों के नज़राने देता रहता हूँ

भूले–बिसरे हुए ग़मगीन तराने की तरह
याद रक्खा है उसे गुज़रे ज़माने की तरह
मिल भी जाता है तो मिलता है अजनबी बनकर
आ भी जाता है तो आता है न आने की तरह

बदल गया है तो बदला हुआ लगे वो मुझे
सबूत अपने बदलने का कुछ तो दे वो मुझे
वफ़ा–शनास नहीं अब वो पहले–सा हरगिज़
यक़ीं दिलाए मुझे, मुतमइन करे वो मुझे

बिजलियों से भी ज़्यादा शोख़ है, चंचल है वो
गंगा–जल से भी ज़्यादा पाक है, निर्मल है वो
नाम है उसका मुहब्बत, काम है उसका वफ़ा
आस का, विश्वास का, अहसास का सम्बल है वो

ये तितलियाँ, ये फूल, ये रंगीन नज़ारे
दौरे–ख़िज़ाँ में याद मुझे आया करेंगे
जब सहरा–ए–फुरक़त में मुझे धूप डसेगी
यादों के अब्र सर पे मेरे साया करेंगे

दिल की बात ज़ुबाँ पर लानी मुश्किल है
तौबा–तौबा ये नादानी मुश्किल है
पहले ही क्यों न हम कोई जतन करें
बाद में अपनी बात घुमानी मुश्किल है

काम कोई भी न आया वक़्त पर
मैंने सबको आज़माया वक़्त पर
सिर्फ़ साया ही था अपना हमसफ़र
उसने भी दामन छुड़ाया वक़्त पर

चलती–फिरती अजन्ता की मूरत हो तुम
मेरे ख़्वाबों से भी ख़ूबसूरत हो तुम
तुमको देखा नो दुनिया सँवर सी गयी
शुभ शगुन, एक अच्छा मुहूरत हो तुम

सौहबत नसीब हो गयी जब से हुज़ूर की
छुट्टी–सी हो गयी मेरे दिल से ग़रूर की
इक नूर शख़्सियत में ख़ुद–ब–ख़ुद ही आ गया
देखी है जब से एक झलक कोहेनूर की

इस अंजुमने–नाज़ से मैं जा तो रहा हूँ
अपने दिले–नाशाद को बहला तो रहा हूँ
हालात का कुछ ठीक नहीं है मेरे हमदम
फिर लौट के आने की क़सम खा तो रहा हूँ

हँसे बेवजह, बेवजह मुस्कुराये
कभी जब कोई दर्द अपना छुपाये
बहुत याद आती है तब उन दिनों की
जो हमने तेरी आरज़ू में बिताये

रस्ता बहुत कठिन था कि फिर भी मैं चल सका
गिरना जहाँ था आम, वहाँ भी सँभल सका
कुछ आपकी दुआ थी, कुछ अपना यक़ीन था
राय मैं अपने बारे में अपनी बदल सका

तुम्हारी खोज शायद मैं नहीं था
मगर फिर भी मुझे अपना लिया है
कि मैंने भी तुम्हारी तरह तुमसे
यक़ीनन एक समझौता किया है

अपनी धरती का दिलकश नज़ारा हूँ मैं
अपने अम्बर का रौशन सितारा हूँ मैं
मेरी धरती भी तुम, मेरा अम्बर भी तुम
जो हूँ, जैसा भी हूँ, बस तुम्हारा हूँ मैं

वफ़ा से रहे बेख़बर, न मिले
कभी सोचता हूँ, अगर न मिले
तो बेमानी होगी, हर इक दास्ताँ
सफ़र में अगर हमसफ़र न मिले

ग़लतियाँ ही ग़लतियाँ करता रहा
माफ़ियाँ ही माफ़ियाँ मिलती रहीं
काश, मिल जाती सज़ा भी इक दफ़ा
सख़्त ना–इन्साफ़ियाँ मिलती रहीं

बात बिगड़ सकती थी लेकिन बनी रही
ज़ब्त किया दोनों ने अपने जज़्बों को
मैं भी घूँट ख़ून का पीकर मुस्काया
रोक लिया उसने भी अपने अश्कों को

मिटा डाल हस्ती को अपनी ऐ 'साहिल'
अगर उसको पाना है, ख़ुद को भुला दे
तू है कौन, कैसा है, क्यों है, कहाँ है
ज़रा इन सवालों को दिल से हटा दे

फिर 'सूर' और 'तुलसी' को जवानी दे दूँ
फिर 'जायसी' को क़ालिबे-सानी दे दूँ
दो दिन के लिए मैं जो ख़ुदा हो जाऊँ
दुनिया को फिर 'कबीर' की बानी दे दूँ

क़ैदी को हवालात ने शायर बना दिया
मुझको मेरे हालात ने शायर बना दिया
उनको तो ग़मे-इश्क़ ने बख़्शी थी शायरी
मुझको मेरी औक़ात ने शायर बना दिया

दुख में जब तुम याद मुझे करते हो तब
मैं भी दुखी–सा हो जाता हूँ बेमतलब
यादों का कैसा ये अनोखा बन्धन है
बँधे हुए हैं दोस्त पुराने सब के सब

कभी–कभी ख़ुद को शाबाशी दी जाये
कभी–कभी ख़ुद की भी बलैया ली जाये
नज़र उतारी जाये ख़ुद की भी 'साहिल'
कभी–कभी ख़ुद की भी ख़्वाहिश की जाये

मिलना–जुलना, बातें करना अच्छा है
इक–दूजे को अच्छे लगना अच्छा है
दूरी से रिश्ते मुरझाने लगते हैं
नज़दीकी को ताज़ा रखना अच्छा है

दर्द बाँटेंगे मेरा, मैंने तो सोचा था यही
मेरे कमज़ोर इरादों को वो हिम्मत देंगे
क्या ख़बर थी कि मेरे दोस्त सभी ऐ 'साहिल'
करके शरमिन्दा मुझी को ही नसीहत देंगे

अच्छी–अच्छी बातें लिख
सूखे को बरसातें लिख
सच भी लिख तो सुन्दर–सा
ज़ख़्मों को सौग़ातें लिख

उधड़ता जा रहा किरदार मेरा
बचेगा कुछ नहीं इस बार मेरा
लगी है चोट कुछ अन्दर से ऐसे
संभलना है बहुत दुश्वार मेरा

ग़रीबी जब कभी आयी पे अपनी आती है
लहू के अश्क ये इंसान को रुलाती है
ख़याल में भी जो सोचे नहीं होते 'साहिल'
कुछ ऐसे काम भी ये बेरहम कराती है

रास्तों की तरह मैं भटकता रहा
मंज़िलों की तरह तुम मिले ही नहीं
अब तो लगता है कि मंज़िलों के निशाँ
रास्तों के मुक़द्दर में थे ही नहीं

हादसों की वो हवा देंगे मेरे शहर के लोग
इन चराग़ों को बुझा देंगे मेरे शहर के लोग
दोस्ती क्या है, वफ़ा क्या है, शराफ़त क्या है
तुझको जल्दी ही बता देंगे मेरे शहर के लोग

पहले ही अनगिनत गुनाह कर चुका हूँ मैं
इन्कार करके इक गुनाह और क्यों करूँ
क्यों बहस मैं करूँ, क्यों कहूँ ख़ुद को बेख़ता
तकरार करके इक गुनाह और क्यों करूँ

दिल के दामन को सलीक़े से भिगो लेने दे
ज़ख़्म तक़दीर के आख़िर ज़रा धो लेने दे
दर्द मिट सकता नहीं, कम तो हो ही सकता है
सामने बैठ के अपने मुझे रो लेने दे

मेरे हाथों की लकीरों में कुछ तो गड़बड़ है
नहीं मिलता वही, जिसको तलाश करता हूँ
ये और बात कि ख़ुद भी नहीं मुझे मालूम
है किसकी जुस्तजू, किसको तलाश करता हूँ

और अब कर न बेक़रार मुझे
अपने प्यारों में कर शुमार मुझे
देर से दर पे तेरे बैठा हूँ
नाम लेकर मेरा पुकार मुझे

दोष नज़र–अन्दाज़ किये सारे मेरे
भूल भुला दी हर मेरी, दिल से अपने
कभी–कभी ग़ुस्सा भी आता है मुझको
क्यों होते हैं लोग कई अच्छे इतने

कुछ ही ऐसे होते हैं जो कह लेते हैं
ज़्यादातर तो दर्दे–दिल को सह लेते हैं
हर आँसू को कब मिलता है कोई दामन
तनहा–तनहा चुपके–चुपके बह लेते हैं

छोटा–सा इक चराग़ जलाये हुए तो है
उम्मीद का माहौल बनाये हुए तो है
जुगनू ही सही, लाख ये कमज़ोर ही सही
सीने की अपने आग बचाये हुए तो है

इस ज़माने के ताने सुन–सुन के, दिल में उठती है हूक सी कोई
ऐसा लगता है हो गयी हमसे, बेख़याली में चूक–सी कोई
प्रेम कब सोचकर किया जाता, हो ही जाता है जिससे होना हो
जैसे बन में बसन्त आते ही, गूँज उठती है कूक–सी कोई

नुक्ता चीनीं की आदतें न गयीं
उम्र गुज़री, शरारतें न गयीं
दोस्त कितने बना लिए दुश्मन
फिर भी इस दिल से ग़फ़लतें न गयीं

अच्छा है कौन, कौन बुरा, सूझता नहीं
उलझी हुई है डोर, सिरा सूझता नहीं
हालात ऐसे हो गये, सच पूछिये अगर
मुजरिम कोई भी अपने सिवा सूझता नहीं

मुझसे मत पूछ मेरी राय तेरे बारे में
न तू सुन पाएगा, न मुझसे कहा जायेगा
इक भरम है जो है बुनियाद अपने रिश्ते की
मैं भी पछताऊँगा आख़िर तू भी पछतायेगा

हमको चाहे बुरा कहे कोई, लाख इल्ज़ाम सर पे ले लेंगे
कोई तुझ पर लगाये गर तोहमत, एक पल को भी हम न झेलेंगे
प्रेम करके निबाह करने का, अपना–अपना सलीक़ा होता है
दिल अगर दे दिया तो जाँ क्या है, वो भी देनी पड़ी तो दे देंगे

दीवानगी–ए–इश्क़ का अपना ही मज़ा है
बरबादे–मुहब्बत नहीं होता कोई वरना
जलने का मज़ा आप पतंगे से पूछिए
हँस–हँस के जान यूँ नहीं देता कोई वरना

चूम लेने दे अपनी आँखों को
दर्द में भी जो मुस्कुराती हैं
ज़िन्दगी की ललक बढ़ाती हैं
आँच देती हैं सर्द रातों को

बिछड़े–बिछड़े से रहते हैं मिल जाने के बाद भी
ताज़ा–दम रहती है अकसर बीते दिनों की याद भी
वक़्ते–जुदाई के लम्हे भी अपने–आप में दिलकश थे
दिल को सुकूँ–सा देती थी वो दर्द भरी फ़रियाद भी

जोशे–जुनूने–इश्क़ में सब कुछ भुला दिया
हमने तेरी तलाश में ख़ुद को मिटा दिया
अब तू मिले, मिले न मिले, कुछ गिला नहीं
वादा किया था ख़ुद से जो हमने निभा दिया

निशाने पे उसने लिया मुझको फिर भी
सँभलने का मौक़ा दिया मुझको फिर भी
उसे दिल ही दिल में था शिकवा यक़ीनन
जहाँ में न रुसवा किया मुझको फिर भी

कुछ नया करना बहुत मुश्किल हुआ
मुश्किलों से ही मगर कुछ हल हुआ
कौन आसानी से कर सकता था ये
विष पिया तब जल ये गंगा–जल हुआ

ज़ात या नस्ल या रुतबा नहीं देखा करता
इश्क़ हो जाये तो दुनिया नहीं देखा करता
दिल अगर देख ले जलवा–ए–आशिक़ी यारो
फिर कोई घाटा–मुनाफ़ा नहीं देखा करता

एक सजदा ही काफ़ी है दिल से जो हो
बेदिली की इबादत नहीं चाहिए
तन कहीं और है मन कहीं और है
बन्दगी में सियासत नहीं चाहिए

इबादतों में तेरी जब झुका है सर मेरा
तो क्यों न चमकेगा आख़िर ये मुक़द्दर मेरा
नवाज़ता है मुझे, ये तेरा बड़प्पन है
नहीं है क़ाबिले–तारीफ़ ये हुनर मेरा

पीठ मेरी यूँ थपथपाई गयी
हौसलों की उमर बढ़ाई गयी
वो तसल्ली जो खो गयी थी कहीं
दिल के बेहद क़रीब पाई गयी

दे कभी मौक़ा कि मैं तनहाई में
अपना हाले–दिल तुझे समझा सकूँ
तू मेरी कश्ती, मेरा 'साहिल' भी तू
कर मदद मेरी कि तुझको पा सकूँ

इक जनम और तेरा इन्तज़ार कर लेंगे
इक जनम और तेरे ग़म से प्यार कर लेंगे
इक जनम और उतारेंगे क़र्ज़ क़िस्मत का
क़र्ज़ उतरेगा तो फिर से उधार कर लेंगे

हर इक हद पार करना चाहता हूँ
पलट कर वार करना चाहता हूँ
मुझे नफ़रत नहीं 'साहिल' किसी से
मैं ख़ुद से प्यार करना चाहता हूँ

इश्क़ तेरा मेरा जुनूँ ठहरा
दर्दे–उल्फ़त मुझे सुकूँ ठहरा
और भी थे जहाँ में अहले–वफ़ा
सोच, ये दिल तुझी पे क्यूँ ठहरा

चुस्त लगामें कभी नहीं ढीली होतीं
कुछ की आँखें कभी नहीं गीली होतीं
वट्स ऐप को भी कण्ट्रोल में रखते हैं
उनकी लाइनें कभी नहीं नीली होतीं

तुम्हारे पास रहने से बलायें दूर रहती हैं
ख़तायें हो भी जायें तो सज़ायें दूर रहती हैं
वो दीपक हूँ कि जिसकी ओट तुम हो, आसरा तुम हो
तुम्हारे ध्यान देने से हवायें दूर रहती हैं

इस दिवाली पर हज़ारों दीप देंगे रौशनी
जगमगा उट्ठेगी चारों ओर से फिर ज़िन्दगी
मुझको तो बस है यही सब सोचकर इतनी ख़ुशी
मैं भी रखता हूँ तुम्हारे दिल में कुछ मौजूदगी

पड़ोसी के घर भी करे रौशनी जो
दिया कोई ऐसा जलाकर तो देखो
चले आयें दुश्मन भी देने बधाई
दिवाली कुछ ऐसे मनाकर तो देखो

मुबारक तुम्हें सिलसिला कोशिशों का
दिया तुमको रब ने सिला कोशिशों का
हमारे चमन में ख़िज़ाँ है तो क्या है
कहीं पर तो ग़ुँचा खिला कोशिशों का

पीने के बाद छोड़ दिया करता हूँ अकसर
ख़ाली गिलास तोड़ दिया करता हूँ अकसर
मदहोश होके होश की करता हूँ पैरवी
हालात को झिंजोड़ दिया करता हूँ अकसर

बन्दगी का सिला मिल गया
तुम मिले तो ख़ुदा मिल गया
कोई हसरत न बाक़ी रही
हर ख़ुशी का पता मिल गया

तुमने भी अब फ़ोन उठाना छोड़ दिया
हमने भी उम्मीद लगाना छोड़ दिया
देख रहा हूँ तुममें कुछ तबदीली सी
हमने भी अन्दाज़ पुराना छोड़ दिया

नये–नये अल्फ़ाज़ तलाशा करता हूँ
अपने हुनर को आप तराशा करता हूँ
लड़ता रहता हूँ अकसर ख़ुद ही से मैं
तुम कहते हो रोज़ तमाशा करता हूँ

तुझी से माँगना अच्छा लगा है
मुझे इक तू ही रब जैसा लगा है
पराया तो नहीं दुनिया में कोई
मगर इक तू है जो अपना लगा है

हसरत पूरी–पूरी है
कोशिश ज़रा अधूरी है
रब की मेहर हो जाये तो
हर लमहा सिन्दूरी है

साफ़ इनकार कर दिया उसने
और तलबगार कर दिया उसने
कामयाबी की बढ़ गयी क़ीमत
दर को दीवार कर दिया उसने

की तारीफ़ कराँ अपणे मूहों अपणी
बन्दे नूँ 'साहिल' मर जाणा कैन्दे ने
शीशे दे विच अक्स जही हस्ती मेरी
कमले कमला, सियाणे सियाणा कैन्दे ने

शराब–बन्दी की अफ़वाह उड़ा दी जाये
पीने वालों की तलब और बढ़ा दी जाये
वो जो मिल जाती है बाज़ारों में आसानी से
चीज़ नायाब सी अनमोल बना दी जाये

है दोष फ़ासलों का सारा
सारी ग़लती है दूरी की
जो रही–सही बाक़ी थी कमी
अफ़वाहों ने वो पूरी की

चन्द सिक्के उछाल देता है
मुझको उलझन में डाल देता है
छीन कर मुझसे हर ख़ुशी मेरी
कुछ तजुरबे कमाल देता है

बहुत नज़दीक से ग़ुज़रे हैं अकसर
मगर दूरी सी कोई दरमियाँ थी
बुलाया तुमने न मैंने ही तुमको
हालाँकि दोनों के मुँह में ज़ुबाँ थी

दबा के रखता है, मुझको डरा के रखता है
मेरा ज़हन मुझे बुज़दिल बना के रखता है
सुनूँ तो कैसे सुनूँ अपने दिल की सरगोशी
अजीब शोर सा हरदम मचा के रखता है

बाँस मिसाल वे हंकारी दी, आकड़ दे विच रैन्दा ए
उपरों डाढा अन्दरों फोका, हर कोई मन्दड़ा कैन्दा ए
चन्दन दे नेड़े रह के वी कदे सुगन्धित होंदा नहीं
'साहिल' जिस झुकणा नहीं सिखया, हरदम घाटे सैन्दा ए

जे हथ अड़्डे कोई तेरे अग्गे, उच्चा बोल तू बोलीं ना
ओदी हस्ती नूँ ओदे रुतबे नूँ, हालात दी तकड़ी तोलीं ना
कुज दे सक्कें ते दे देवीं, ना दे सक्कें ते हथ जोड़ीं
'साहिल' उसदी मजबूरी दी, कोई दुखदी नबज़ टटोलीं ना

किच्चड़ सुट्टे कोई तेरे ते फिर तू वी किच्चड़ सुट्टीं ना
लुट लै जावे तैनूँ कोई ते तू वी किसे नूँ लुट्टीं ना
ओ रब करदा इनसाफ़ सदा, ऐ याद रखीं हरदम 'साहिल'
अपणे सतकरमाँ दा बूटा तू अपणे हत्थीं पुट्टीं ना

❑❑